I0821839

Tyndale House Publishers
Carol Stream, Illinois, EE. UU.

GRETCHEN SAFFLES
Prólogo por la autora de mayor venta
Ruth Chou Simons
La mujer cultivada en Su Palabra
ARRAIGADA EN VERDAD
CRECIENDO EN GRACIA
FLORECIENDO EN FE

Visite Tyndale en Internet: tyndaleespanol.com y BibliaNTV.com.

Visite la página en línea de la autora en wellwateredwomen.com.

Tyndale y el logotipo de la pluma son marcas registradas de Tyndale House Ministries.

La mujer cultivada en su Palabra: Arraigada en verdad, creciendo en gracia, floreciendo en fe

Originalmente publicado en inglés en el 2021 como *The Well-Watered Woman: Rooted in Truth, Growing in Grace, Flourishing in Faith* por Tyndale House Publishers con ISBN 978-1-4964-4545-2.

Diseño: Libby Dykstra

Edición en inglés: Stephanie Rische

Traducción al español: Patricia Cabral

Edición en español: Remedios Lérida de Richard

Para información acerca de descuentos especiales para compras al por mayor, por favor contacte a Tyndale House Publishers a través de espanol@tyndale.com.

ISBN 978-1-4964-6163-6

Impreso en China
Printed in China

29 28 27 26 25
6 5 4 3 2

A las mujeres cultivadas en su
Palabra de todo el mundo:
Ustedes son las manos y los pies de Jesús
(y la razón por la que escribí este libro).
Sigan entregándole su vacío,
recibiendo su plenitud
y compartiéndola con el mundo.
Y a mi mamá, quien ha vivido fielmente
este mensaje ante mis ojos
a través del dolor y de la tristeza,
a través del gozo y de cada día por venir.
Eres un don de la gracia para mí.
Eres la mujer cultivada en su Palabra.

CONTENIDO

TERCERA PARTE **EL CAMINO**

PRÓLOGO

Yo solía pensar que era la única a quien le costaba mucho leer la Biblia.

Observaba a las mujeres santas, a quienes admiraba pero no conocía personalmente, y completaba mi propia narrativa de cómo sería tener una relación vital con Dios:

De seguro pasa tres horas al día estudiando su Biblia.
Apuesto a que aprendió de memoria largos pasajes de las Escrituras.
Sus hijos no hacen berrinches ni se pelean mientras ella trata de leer la Biblia.
Probablemente, no se distraiga como yo.
¿Cómo hace para extraer tanto de la Biblia?
De seguro tengo algún defecto.

¿Acaso no es típico del enemigo sabotearnos el premio de conocer a Jesús con el espejismo de «hacer bien las cosas»? Cuando las personas se enteran de que pinto inspirada en las Escrituras y que escribo para mujeres cristianas, siempre dan por sentado que me resulta fácil dedicar tiempo a la Palabra, o que lo hago naturalmente. Me imaginan sentada en la galería trasera de mi casa, relajada y rodeada de lujos, con mi Biblia y mis comentarios abiertos (acompañada por el canto de los pájaros, la música de adoración que suena, y con un pincel cargado de acuarela brillante, preparado y disponible, por si estoy inspirada). Y, en ocasiones, así es (tal vez, una o dos veces al año). Pero, la mayoría de los días, el tiempo que paso con Dios y con su Palabra es más como esto:

Me restriego los ojos para borrarme el sueño, oro primero por el deseo (y confieso mi falta) de abrir mi Biblia, solo para dejarla porque tengo que resolver alguna interrupción de mis hijos, retomo lo que hacía, escribo notas, subrayo algún pasaje que no entiendo, saco al perro (otra vez), y regreso a ello varias horas más tarde, olvidando dónde había empezado esa mañana.

Algunos días... algunas épocas... no resplandecen de manera visible con flores llamativas y perfumadas.

Hace unos años, mientras regaba las plantas que aún no habían florecido en el alféizar de mi ventana, anoté estas palabras que vinieron a mi corazón: No tienes que florecer para ver que estás creciendo. Yo atravesaba una dolorosa etapa de crecimiento, que parecía interminable de tanto quitar malezas, podar, regar y cultivar. Y no había demasiadas flores.

Fue en esa época que el Señor me enseñó a desearlo a él más que a la productividad. Me mostró la riqueza de su provisión cuando yo quería resultados rápidos. Aquietó mi corazón recordándome mi identidad en Cristo cuando yo creía que necesitaba asegurar mi identidad en otra parte. Me abrió los ojos a su fidelidad aun en mi infidelidad. Dios me cultivó en plena época de no crecimiento, instruyéndome a través de su Palabra.

Fue más o menos en la misma época en la que Gretchen y yo nos conocimos por Internet. Aunque sucedió años antes de que nos encontráramos personalmente, supimos que éramos hermanas gemelas en el Señor, deseosas por usar nuestros dones y talentos para guiar a muchos corazones de regreso a Cristo. Ambas éramos creativas y prestábamos atención a cómo Dios declara su gloria y nos atrae hacia él mediante la belleza, la creación y su Palabra.

Durante años, he observado cómo Gretchen guía y se enfoca en la misión de alentar a las mujeres para que indaguen profundamente en la Palabra de Dios. La he visto ser un modelo de esto, compartir su vulnerabilidad durante las épocas difíciles y orientar constantemente a otros hacia la fidelidad de Dios. En ella y por medio de ella, Dios ha escrito una historia que no se trata de ella, sino de la atención y del cuidado divino. Y, a lo largo de estas páginas, Gretchen nos guía una y otra vez de regreso a la única fuente de vida y de santidad: el agua viviente de la Palabra de Dios.

La Biblia no es una fórmula, una solución rápida ni un plan estratégico de autoayuda; es una carta de amor que transforma vidas, que salió del corazón de Dios para ti y para mí. En una era en la que tantas personas buscan superarse a través de métodos mundanos, nosotras, como seguidoras de Cristo, debemos aferrarnos a esta verdad: «La hierba se seca y las flores se marchitan, pero la palabra de nuestro Dios permanece para siempre» (Isaías 40:8).

El alma anclada en la esperanza descubierta en la vida, la muerte y la resurrección de Cristo siempre florecerá donde esté plantada. Esa es mi única esperanza. Es la única esperanza de Gretchen. Mi oración por ti, ahora que inicias el recorrido por las páginas de este libro, es que también encuentres tu esperanza en Cristo (sostenida por su Palabra, transformada a su semejanza, y con una floración fecunda en su debida época), comenzando en el preciso lugar donde estás.

RUTH CHOU SIMONS
Autora de *GraceLaced* y *Beholding and Becoming*;
fundadora de GraceLaced.com

INTRODUCCIÓN

COMENZAR POR EL FINAL

La vida en esta tierra es importante, no porque sea la única vida que tenemos, sino precisamente porque no lo es: se trata del comienzo de una vida que continuará sin fin.

RANDY ALCORN

Estaba peligrosamente al borde de la muerte cuando la encontré, aferrada a sus últimas bocanadas de vida, debilitada por la deshidratación y el descuido. Parecía que reanimarla era inútil. La levanté con ternura y corrí al fregadero de la cocina para que bebiera la cantidad de agua que necesitara. Solo el tiempo diría si mi plantita lograría sobrevivir, así que comencé a esperar.

Sentí remordimiento cuando vi las arrugadas hojas caídas. Por descuido, había puesto a mi delicada planta moteada en un rincón de un cuarto de la casa donde las persianas suelen permanecer cerradas. Por el ajetreo diario de cuidar a mis niños, ocuparme de mi trabajo, mantener el ritmo de la casa y tratar de sobrevivir a la rutina, me olvidé completamente de ella. En muchos sentidos, mi vida era como esa planta cuando la encontré a un paso de la muerte. Así como mi planta de interior se marchitaba por falta de atención, luz y agua, yo también languidecía. Por fuera, mi vida parecía estar en orden, pero mi alma no recibía la atención que necesitaba. La ansiedad acechaba en todas partes y me daba cuenta de que afrontaba temores e implacables preguntas sobre situaciones imaginarias.

No era la primera vez que me notaba marchita, seca y arrugada. Mi planta sirvió como un recordatorio desgarrador de que la vida cultivada en su Palabra no sucede sin querer ni se produce de la noche a la mañana. Más bien, hay que luchar por tener una vida cultivada en su Palabra, invertir en ella y cuidarla con amor. Es el tipo de vida para la que fuimos creados y la clase de vida que Jesús vino a dar.

La obra redentora de Dios en nuestra vida es un recorrido lento, que se realiza, en su mayoría, de maneras invisibles. El crecimiento rara vez es elegante; más bien, se forja en las colinas escabrosas de la dificultad, en los valles del dolor y en los senderos neblinosos de la espera. Está marcado por un movimiento gradual hacia Cristo, en medio de los momentos desordenados y tediosos de la vida. Si esperas que la vida sea perfecta, te decepcionarás todo el tiempo. Pero si aceptas la lucha, con la mirada fija en Jesús, te rendirás a tu Salvador y encontrarás en él la perfección que anhelas. Él trabaja mientras tú esperas, creando una obra maestra a partir de tu caos. En otras palabras: la vida no siempre será fácil, pero Dios siempre es bueno.

CUANDO LLEGA AL FINAL

Como mi pobre planta, puede que hayas llegado a un punto en tu vida que parece terminal. No hay señales de esperanza y la recuperación se ve como una posibilidad muy remota, en el mejor de los casos. No sé cuál sea tu situación; quizás sea el fin de una etapa o el desenlace de una relación. Tal vez, estés frente a lo que parece un callejón sin salida, o en la encrucijada de una decisión que debes tomar. Puede que estés llegando al límite de tus capacidades, de tus recursos, o que estés concluyendo el sueño que alguna vez abrigaste. O, quizás, estés al límite de tu paciencia y te preguntes cómo prevalecerá la bondad de Dios sobre la maldad de la vida.

Pero con los finales viene un regalo escondido. Con cada final llega un nuevo comienzo. Cuando llega, recibes la nueva oportunidad de comenzar otra vez. Únicamente cuando llegues a tu fin, cuando estés reseca y arrugada, te darás cuenta del origen de la vida verdadera. Nunca podemos conocer el gozo de florecer sin experimentar la desesperación de la languidez. Apartadas de Jesús, estamos espiritualmente muertas, apagadas, vencidas por la mala hierba del pecado. Pero, cuando llegamos al final de nosotras mismas, podemos encomendarnos completamente a Cristo, ser hechas nuevas y liberadas.

Cada desenlace en mi vida trajo aparejado un nuevo

comienzo que no hubiera sido posible sin el cierre del capítulo anterior. El fin del orgullo produce humildad. El fin de la envidia genera amor. El fin de una época trae una nueva oportunidad de ver la fidelidad de Dios. Es en estos finales donde empieza la verdadera vida. Cada final que enfrenté no fue en realidad el desenlace de mi historia; fue el comienzo de conocer más plenamente a Jesús, una flecha que me señaló el final esperanzador que aún está por venir.

Y, a una escala mayor, el fin de nuestro tiempo en la tierra significa el mejor comienzo de todos. Al final, cada error será corregido; cada dolor, curado; cada sufrimiento, redimido; y cada adversidad, aliviada. Toda lágrima será secada; cada pregunta, respondida; cada desierto se transformará en un huerto productivo y cada corazón roto, será sanado (ver Apocalipsis 21:1-6). El final de la historia será aún mejor que el comienzo, y está lleno de esperanza.

Así que, si sientes que estás acabada o cerca de tu final, en realidad, estás en el lugar perfecto. Porque, cuando estés acabada, encontrarás el comienzo perfecto en Cristo.

PARA LA MUJER QUE SE SIENTE SECA

Escribí este libro para la mujer que necesita empezar de nuevo. Se siente desanimada porque no crece en su fe. Está cansada de intentar demostrar cuánto vale y se siente estancada en el fango de lo trivial. Asiste a la iglesia, pero sabe que su Biblia acumula polvo en el estante durante la semana. Ella quiere profundizar y amar más a Jesús, pero no sabe *cómo* avanzar. Se siente seca por dentro.

Este libro es para la mujer que desea una vida abundante en Cristo, pero también se sorprende a sí misma ansiando más de este mundo: más reafirmación, más dinero, más logros, más placer. Anhela abrazar la gracia de Cristo, pero le cuesta hacerla realidad cuando su hijo hace un berrinche, cuando su compañera de habitación la traiciona, cuando su colega la calumnia o cuando sus emociones se desatan y terminan en una rabieta.

Escribí esto para la mujer que ha llegado tantas veces al límite de su paciencia, que está a punto de darse por vencida. Se descubre caminando fatigosamente como en una rueda de hámster pero, en la vida, agotando toda su energía sin llegar a ninguna parte. No sabe cómo pasar de la vida reseca a la vida rebosante que Jesús ofrece.

Escribí este libro para cada mujer que quiere más de Jesús en su vida diaria, pero que lucha por concretar este deseo.

Pero también lo escribí para mí porque yo soy esa mujer. Soy la mujer que ha corrido incansablemente por conseguir un premio que está fuera de su alcance y que, a la larga, no la satisface. Soy la mujer que ha buscado el sentido y el propósito en lo que puedo lograr, solo para quedarme sin nada. Soy la mujer que jadea, exhausta, por ir tras la perfección. Soy la mujer que ha tratado de beber de un pozo vacío, anhelando el agua de vida mientras tragaba temor, ansiedad y pánico.

Soy la mujer reseca.

LA MUJER CULTIVADA EN SU PALABRA: ¿QUIÉN ES?

Puedo asegurar que ninguna de nosotras emprende un camino para terminar marchita y acabada. Es algo que sucede gradualmente y, un día, nos sorprende descubrir cuán desesperadas y sedientas estamos. Sé que este ha sido mi caso.

Crecí en la iglesia, pero a mis veintitantos años, descubrí que aún no estaba segura de qué era seguir a Cristo en la vida diaria. Quería algo más que la clase de fe de «abrir la Biblia una vez por semana y luego dejarla acumulando polvo». El Jesús del que leía en la Biblia era alguien que merecía todo, o que no merecía nada. Vivir como si él solo valiera «algo» no servía. Me di cuenta de que anhelaba no solo unas escasas gotas de agua de vez en cuando, sino un torrente profundo y vivificante que nutriera el alma.

Aprendí que es imposible llegar a ser una mujer floreciente y de raíces profundas si abro mi Biblia solo de vez en cuando. No puedo tener expectativas de prosperar cuando mi alma sedienta desea beber de pozos vacíos durante el día, mientras que el Pozo del agua de vida me invita a acercarme y beber de la verdad que satisface para siempre. Así como me lo recuerda mi plantita, convertirme en la mujer cultivada en su Palabra no es una meta a tildar en mi lista de pendientes; más bien, es un modo de vida.

La mujer cultivada en su Palabra no es una mujer perfecta. Se alimenta de la gracia inmerecida de Dios, no de sus ambiciones de ser una «buena chica». Reconoce que el bien que hay dentro de ella viene únicamente de Dios (ver Salmo 16:2; Gálatas 5:22-23). Jesús la ha librado de sus errores pasados y ella vive como una nueva creación (ver 2 Corintios 5:17). Él le ha dado un nuevo comienzo y su misericordia la impulsa cada día hacia delante en amor y en obediencia. Ha llegado al final de sí misma y encontró un nuevo comienzo en Jesús. Su futuro está asegurado y su vida nueva es la más esperanzadora de todas: la eternidad con Cristo.

La meta de la mujer cultivada en su Palabra no es *ser* alguien, sino *conocer* a alguien: aquel que cambia todas las cosas. Sus ambiciones y sus sueños son transformados por Jesús en la medida que le muestra, día a día, la mejor manera de vivir. Mientras realiza su búsqueda diaria de conocer a Jesús, se transforma en ese alguien que Dios se propuso crear en ella: la mujer cultivada en su Palabra.

TRAE TU CUENCO VACÍO

En definitiva, ser «cultivada en su Palabra» no se trata solo de absorber el agua suficiente; también se trata de *dónde* proviene el agua. Si nuestra sed es temporalmente saciada por el agua proveniente de un origen contaminado, no creceremos ni prosperaremos, por más que la tierra esté mojada. Para la mujer cultivada en su Palabra, la persona de Jesús es el Pozo del que ella bebe todos los días. Él es la fuente de esperanza, salud, paz y propósito. Él es el agua de vida que sacia para siempre el alma sedienta y llena su cuenco vacío.

La mujer cultivada en su Palabra no puede existir lejos de la gracia de Dios. Lo sé porque lo he probado. Solía pretender llenar mi cuenco con los pozos secos y las promesas vacías de este mundo. Buscaba el propósito y la felicidad en mis logros, pero, por mucho que me esforzara, nunca era suficiente. Ponía toda mi energía en agradar a los demás, pero nunca estaban complacidos. Ansiaba lo que este mundo tiene para ofrecer, pero eso nunca me daba paz. Fue hasta que miré a Jesús que encontré la satisfacción que anhelaba.

La promesa que se encuentra en Isaías 58:11 cambió todo para mí. La primera vez que leí este pasaje, me pareció demasiado bueno para ser cierto: «El SEÑOR te guiará siempre; te saciará en tierras resecas, y fortalecerá tus huesos. Serás como jardín bien regado, como manantial cuyas aguas no se agotan» (NVI). Este versículo proviene de un contexto en el que Dios llama a los israelitas de la vida reseca a la vida de obediencia y abundancia en él.

En el momento que lo leí, atravesaba a duras penas una oscura noche del alma. Por fuera, parecía que tenía todo resuelto, pero por dentro, me consumía. Confiaba en lo «bueno» que podía encontrar en mí misma más que en la bondad de Dios, y estaba marchitándome en tierras resecas.

Pero Jesús no me dejó allí. Abrió mis ojos y me vi como la mujer reseca de Juan 4 (la que conoció a Jesús en el pozo y aceptó su ofrecimiento del agua del Pozo que nunca se seca). Esta mujer había buscado agua de un manantial pasajero, pero eso no impidió que Jesús la buscara a ella. Y no impidió que me buscara a mí, tampoco. Me ofreció el agua viva como lo hizo con la mujer junto al pozo, y no he sido la misma desde entonces.

Por lo tanto, si tu cuenco está vacío, llegaste al lugar correcto. Necesitas reconocer que tienes sed, antes de que puedas beber del Pozo que siempre sacia y que nunca se agota.

EN BUSCA DE UN BUEN FINAL

A lo largo de este libro, haremos un viaje de crecimiento en Cristo, un recorrido hacia la vida cultivada en su Palabra. Este libro está desglosado en tres partes distintas que describen a la mujer cultivada en su Palabra: «El Pozo», «La Palabra» y «El Camino».

«El Pozo» es el punto de partida en el cual el evangelio es sembrado en tu vida y sus raíces se establecen en la verdad. Es aquí donde tu identidad se cimienta en el evangelio, donde empiezas a entender quién es Dios y la realidad de quién eres en él. El terreno de tu alma será cultivado para que puedas aprender a estar más que «bien» en Cristo, comprender qué significa morir a ti misma, y encontrar gozo y propósito en el lugar donde estás plantada.

La siguiente parte, «La Palabra», representa el crecimiento en Cristo. La mujer cultivada en su Palabra *siempre* está creciendo, cambiando y transformándose para asemejarse a Jesús. Él, quien es la Palabra, es nuestra fuente de crecimiento.

Descubrirás qué significa poner la Palabra antes que el mundo, cómo despertar tu amor por Jesús y predicar la Verdad (con «V» mayúscula) a tu corazón.

La última parte, «El Camino», representa el florecimiento y el prosperar en Cristo. Observaremos cómo la obediencia y el amor a Jesús afectan nuestra manera de pensar, de actuar y de abordar la vida cotidiana. Aquí es donde lo que fue sembrado y alimentado comienza a producir fruto, el resultado natural de una vida cultivada en su Palabra.

Al inicio de cada capítulo, encontrarás «La historia de una mujer sedienta». Estas historias son cuadros de las luchas reales que enfrentamos como mujeres. Podrán variar los detalles de tu propia historia, pero espero que te identifiques con los sentimientos fundamentales en ellas porque la mujer reseca eres tú, al igual que yo. Todas nos hemos secado en algún punto, pero Jesús no quiere que nos quedemos así. Él vino a ofrecernos una vida abundante. Al final de cada capítulo, mi esperanza es que veas cómo esta mujer, que nos representa a todas, puede ser transformada en la mujer cultivada en su Palabra, cuando encuentra su esperanza en Jesús.

TU NUEVO COMIENZO EMPIEZA *AHORA*

Milagrosamente, menos de veinticuatro horas después de que regué mi planta descuidada, revivió. Mientras escribo estas palabras, está posada junto a una ventana abierta, erguida y creciendo saludable. Esta planta recibió un nuevo comienzo, un borrón y cuenta nueva. Lo mismo sucede con tu historia. Es posible que ahora mismo estés seca, pero ese no tiene por qué ser tu destino final. A lo largo de este viaje, hay gracia que puedes aprovechar, paz a la cual aferrarte y promesas por excavar.

Florecer en Jesús se trata de abandonar la fe superficial a cambio de un andar más profundo con él. Él no es una parte de tu personalidad; *es* tu vida (ver Colosenses 3:4). Seguir a Jesús no se trata de lograr la perfección ni de llegar a un destino específico. No tiene que ver con organizar tu vida ni con evitar el dolor y las pruebas. Se trata de encontrar la esperanza y la paz infinitas, y las fuerzas en Jesús para superar los desafíos que enfrentas y prosperar en el lugar donde fuiste plantada. Como mujer cultivada en su Palabra, tu vida no será perfecta, pero estará llena de esperanza, rebosará de propósito y se alimentará de la gracia.

Por causa de Cristo, tu historia ha sido reescrita, redefinida y redimida. Tu meta final es una vida cultivada en su Palabra, abundante y rebosante. Entonces, no pierdas el tiempo obsesionada por cuánto se ha resecado tu fe. En lugar de eso, bebe del Pozo hasta saciarte y aférrate a la gloria de comenzar de nuevo.

PRIMERA PARTE

EL POZO

El que beba del agua que yo le daré, no tendrá sed jamás,
sino que el agua que yo le daré se convertirá en él
en una fuente de agua que brota para vida eterna.

JUAN 4:13-14, LBLA (ÉNFASIS AÑADIDO)

JESÚS, EL POZO, llena el hueco vacío de nuestra alma. Nos encuentra en el lugar donde estamos (en pecado, avergonzadas y afligidas) y nos ofrece la salvación.

El Pozo representa el momento en el que conoces a Jesús y le entregas tu vida. Su llegada al Pozo no es un acontecimiento puntual. Cada día, nuestro corazón tiene sed y se seca, y solo Jesús brinda el tipo de agua de vida que lo satisface siempre. Por más vacío que esté su cuenco, del Pozo siempre brota agua. La mujer cultivada en su Palabra se derrama todos los días y regresa al Pozo una y otra vez para encontrarse con Jesús. Sin importar en qué parte del recorrido estés, el Pozo siempre está disponible para refrescarte y revivir. Ya sea que te encuentres en una época de abundancia o en una de sequía, corre al Pozo del agua de vida a buscar la satisfacción verdadera para tu alma y tu propia supervivencia.

Tu recorrido de fe comienza cuando la semilla del evangelio es plantada en tu corazón y echa raíces en el terreno de tu alma. Cuando Dios siembra la semilla, la invita a morir a sí misma para que reciba la nueva vida en él. Este arraigamiento profundo de las raíces de tu fe es un proceso continuo de crecimiento en conocer quién es Dios y cómo el hecho de conocerlo cambia todo lo relacionado con tu vida.

A lo largo de las Escrituras, el pozo es un símbolo de abundancia, provisión y vida. Así como los pozos abastecen para una necesidad práctica (el agua para la sed física), manifiestan a

Jesús, quien provee agua de vida para el alma sedienta. Cuando es plantada por Dios en el alma infértil, la semilla del evangelio satisface y sustenta a la mujer cultivada en su Palabra al pasar por los sufrimientos, las tempestades y las celebraciones de la vida.

Encuéntrame en el Pozo de la Gracia

Encuéntrame en el Pozo de la Gracia,
de donde fluyen las aguas de vida,
para saciar tu corazón sediento
y satisfacer tu alma.

Ven tal como eres,
quebrantada, derrotada y herida.
Recibe su amor infinito
y escucha la Buena Noticia.

Trae tu cuenco vacío,
el que has tratado de llenar
con tesoros de este mundo,
que vacía te dejaron.

No es el agua que conoces;
es el agua que gratuitamente él da.
Revivirá tu alma sin vida
para que puedas vivir de verdad.

Bebe hasta saciarte del Pozo
que nunca se agotará.
Aférrate a su Palabra de verdad.
Entonces, con tu vida lo adorarás.

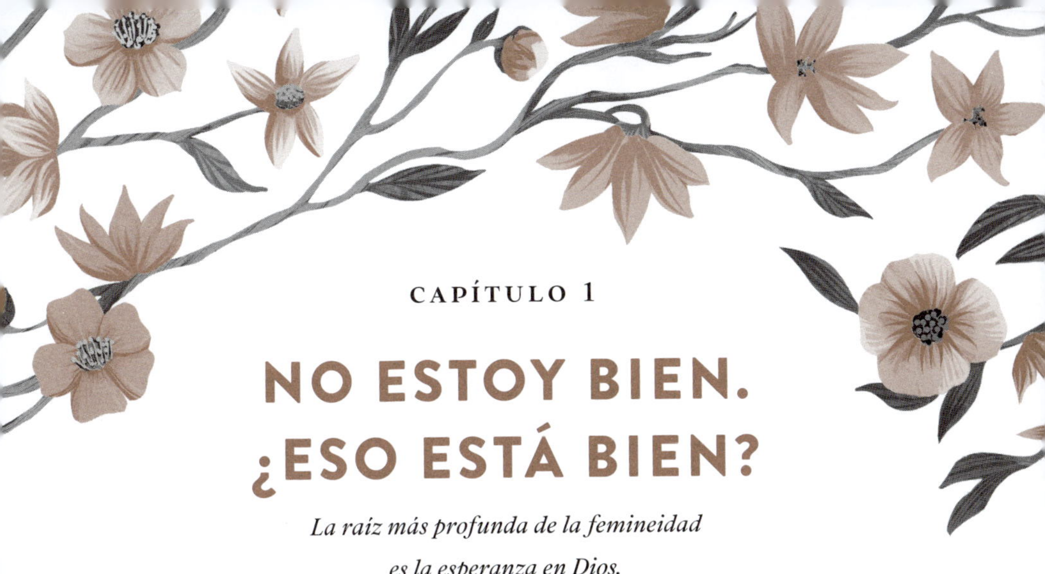

CAPÍTULO 1

NO ESTOY BIEN. ¿ESO ESTÁ BIEN?

La raíz más profunda de la femineidad
es la esperanza en Dios.
JOHN PIPER

La historia de una mujer sedienta

Distaba mucho de estar «bien». Durante años, había intentado actuar como si tuviera todo bajo control, poniendo una sonrisa ante cada dolor que invadía su alma, como si fuera un apósito. Pasaba por alto el abatimiento que reclamaba su atención desde lo profundo de su ser, y se convirtió en una profesional en fingir la respuesta «Estoy bien» cuando la gente le preguntaba cómo estaba. Hasta que... todo se hizo añicos. No pudo seguir usando el disfraz de la perfección. Ya ni siquiera sabía cómo ponérselo. Sus raíces eran poco profundas y, cuando llegaron los vientos de cambio, el torbellino de sus emociones la derribó. Finalmente, admitió ante sí misma y ante el Señor: *«No estoy bien»*. Pero la pregunta rogaba una respuesta: *¿Está bien que un cristiano no esté bien?* Miró a Jesús y se sorprendió por la respuesta.

CUANDO ME SENTÉ EN LA OFICINA, miré alrededor y vi las diversas plantas que crecían en sus respectivas macetas de arcilla. No se veían distintas a la semana anterior; sin embargo, estaban vivas y estaba produciéndose un crecimiento invisible al ojo humano. Sentí que estas plantas que crecían lentamente eran como mis compañeras. Me recordaban a mi propia alma.

La mayoría de las veces, siento que no hay ningún cambio, como si estuviera estancada en el mismo lugar que la semana anterior. Pero, en realidad, está sucediendo un cambio desapercibido; hay un crecimiento bajo la superficie. Mediante las preguntas difíciles y las luchas de la vida, mis raíces crecen en profundidad. Para ser sincera, desearía que el crecimiento fuera más rápido, más visible, más obvio. Desearía no tener que sentarme en el consultorio de una terapeuta cristiana para hacer el esfuerzo de sanar y entender mis emociones dañadas y mis creencias.

—¿Cómo estás? —preguntó ella.

De inmediato, las lágrimas empezaron a caer de mis ojos. Su pregunta sencilla abrió la compuerta de la confusión que contenía mi alma. Las lágrimas siguieron fluyendo mientras desahogaba las cargas, las preocupaciones y los temores que agobiaban mi corazón.

Desde que tuve mi primer ataque de pánico, sentí que mi identidad era un desastre. Vivía cada día como una sombra de quien solía ser. En ese momento, no me di cuenta de que, al desarmar mi vida, Dios en realidad estaba volviendo a armarme.

Cada lágrima que caía no solo reflejaba mi quebranto, sino también la sanidad interior de Dios.

Era como si las lágrimas fueran la forma en que mi alma regaba lo que Dios estaba haciendo dentro de mí. Si la lluvia no cae, las raíces no pueden hacerse profundas ni haber crecimiento alguno para la planta. Si las lágrimas no caen, no puede profundizarse nuestra fe ni haber crecimiento en Cristo. Las lágrimas pueden ser el aguacero que Dios usa para cultivarnos, nutrirnos y sanarnos de adentro hacia afuera.

—No estoy bien —confesé, en medio de mis sollozos avergonzados—. Y eso *no* está bien.

—¿No? —preguntó ella—. Mira, está bien que un cristiano no esté bien.

Me costaba creer esas palabras. ¿Está en verdad bien no estar bien? Nunca antes lo había escuchado, pero, por primera vez, sentí la libertad de poder respirar. Había pasado la mayor parte de mi vida esforzándome para alcanzar la perfección, tratando de estar bien todo el tiempo, pero me hundía permanentemente. Estaba convirtiéndose en una búsqueda asfixiante.

Mientras las lágrimas desbordaban mis ojos, reconocí que no era nada más ese día que yo no estaba bien. En verdad, hacía varios años que no lo estaba. Había intentado tapar las grandes heridas de mi alma, con la esperanza de que eso detuviera el sangrado cuando necesitaba una sanidad más profunda que reparara la raíz que había debajo de mi herida.

Estaba demasiado sobrecargada, abrumada, hiperestimulada

y agotada, y no lo había superado. Entendía que algo debía cambiar, pero no sabía hacia dónde ir a partir de allí. Las raíces superficiales de mi corazón habían sido arrancadas por las tormentas de la vida y me sentía como maltratada por vientos huracanados. En la raigambre de mis creencias, no pensaba que fuera correcto no estar bien, y estaba derrumbándome.

¿CÓMO ESTÁS, *DE VERDAD*?

Si alguien te preguntara cómo estás, ¿qué le dirías? Tengo la sensación de que la mayoría diría algo como: «Excelente», o «Bien», o quizás «Bien, pero cansada». Respiramos; estamos vivas. Por lo tanto, debemos estar «bien». Pero, si eres como yo, también estás un poco (de acuerdo, muy) agobiada, tienes una larga lista de cosas pendientes por encarar y te sientes física, emocional y espiritualmente agotada.

«Excelente» o «bien» suele ser lo que decimos cuando no queremos que alguien pase a ver lo que *en realidad* sucede adentro. Tratamos de cambiar el tema de conversación mientras ignoramos el hecho de que las circunstancias de la vida están sacudiéndonos. La verdad es que vivimos la mayoría de nuestros días en la brecha donde el «bien» se encuentra con el agotada, apresurada, cansada y al límite de nosotras mismas.

Entonces, ¿cómo estás en este momento, *de verdad*? ¿Das vueltas en la cama por el estrés de las interminables listas de asuntos pendientes? ¿Por la autocompasión y por las comparaciones? ¿Es por desesperación o por desesperanza? ¿Es por la presión de hacerlo mejor o de lograr más cosas? ¿Por los platos sucios acumulados que parecen gritar: «¡No tienes las cosas bajo control!»? ¿Por ir detrás del éxito, haciendo grandes esfuerzos, sin llegar nunca? ¿Por la realidad de lo que significa aferrarse a una esperanza en un mundo que muchas veces te hace sentir desesperada?

Si hemos echado raíces en el suelo poco profundo de este mundo (en las cosas que hacemos y en lo que podemos lograr en la vida) apenas lograremos sobrevivir a las tormentas. Solo cuando estamos arraigadas en Cristo podemos experimentar la vida que es auténtica, segura y libre.

EL RELATO DE LOS DEDOS NEGROS

Debo confesar que me siento un poco embustera por escribir este libro, cuando tengo la reputación de ser una asesina de plantas. La cantidad de suculentas y de plantas de interior de «fácil mantenimiento» que han sufrido sus últimos momentos en mi casa es vergonzosamente grande. Sin embargo, siempre aprendo lecciones de estas plantitas, en especial, de las que tienen la tenacidad de sobrevivir.

Cuando mi esposo Greg y yo vivíamos en las colinas de Tennessee, había un vivero en la misma cuadra de nuestra casa. De vez en cuando, pasaba por allí para comprar una nueva planta (o dos) para reemplazar a las que había matado. Fue en esa época en la que una amiga me regaló un paquete de semillas de zinnias. La imagen en la portada del paquete mostraba unas flores púrpura, fucsia y naranja oscuro, con unas mariposítas que aleteaban de un pétalo a otro. Cada vez que agarraba el paquete de semillas y admiraba la bella ilustración, volvía a dejarlo en su lugar, temerosa de meter esas hermosuras bajo tierra.

¿Cómo es posible que crezca una planta tan encantadora de una semillita?, me maravillaba. En la primavera siguiente y con la ayuda de las manos de jardinero de mi suegro, nerviosamente planté las semillas en un almácigo de plástico. Las revisaba todas las mañanas, esperando que una manchita verde apareciera en la tierra oscura.

Por fin, algo me llamó la atención. ¿De verdad era un indicio de una *nueva* vida? Efectivamente, desde lo profundo, un brotecito verde se estiraba hacia arriba.

Luego de eso, empezaron a aparecer cada vez más brotes en el almácigo. A medida que transcurrían los días, estos brotecitos crecieron y crecieron, hasta que... los maté. Salí de la ciudad y no pude regar mis plantines. Cuando regresé a casa, esas pequeñas preciosuras habían muerto. (No habrás creído que mis manos se habían vuelto hábiles para la jardinería tan rápido, ¿no?).

Este ejemplo describe la vida cultivada en su Palabra: imperfecta y siempre en progreso. La mujer cultivada en su Palabra no es una mujer perfecta, pero conoce al que es perfecto: el Jardinero que nunca falla. Ella no siempre está «excelente» ni está siempre «bien», pero echa raíces en la esperanza constante del evangelio.

A veces, está ocupada y distraída. A veces, descuida su

estudio bíblico. A veces, se deja caer en la desesperanza de este mundo arruinado. La diferencia es que ella no se queda para siempre en las situaciones del «No estoy bien». Siempre vuelve a Cristo, la piedra angular y la base de su vida. Esta es la sabiduría a la que está arraigada:

> Sabe que Dios no la abandonará, nunca (ver Hebreos 13:5).
> Sabe que no es plena cuando se aleja de él, pero que, en él, tiene todo lo que necesita (ver Efesios 1:3).
> Sabe que el desánimo, el fracaso y la duda no tienen la última palabra (ver 2 Timoteo 1:7; Santiago 1:5-8).
> Sabe que está bien no estar bien en este mundo caído porque, al final, todo estará más que bien en Cristo (ver 2 Corintios 4:8-12).
> Sabe que no debe tener miedo a los sentimientos; los escucha, aprende de ellos y, cuando los atraviesa, se apoya en su Salvador (ver Salmo 42:1-3; 63:1-3).

La mujer cultivada en su Palabra es como una semilla plantada por Dios: crece constantemente en su gracia, sostenida por sus promesas.

LAS COSAS NO ESTUVIERON BIEN EN EL PRINCIPIO

En el principio, antes de que todo lo conocido existiera, se dice que la tierra «no tenía forma y estaba vacía, y la oscuridad cubría las aguas profundas» (Génesis 1:2). La tierra no estaba bien desde el momento que empezó. La palabra hebrea para «amorfa» es *tohu*[1]. No había orden, vida ni luz alguna, pero el Dios Creador produjo vida, luz, belleza y propósito a partir de la superficie inmensa y vacía. De la nada, Dios creó todas las cosas. De la tierra yerma, hizo algo maravilloso.

Dios sabía qué estaba haciendo cuando creó la luz, la tierra y el agua antes de crear la vegetación y las plantas (ver Génesis 1:3-5). En los albores de los tiempos, el Jardinero Mayor creó las condiciones perfectas para el crecimiento. Hoy en día, manifiesta su creatividad, su poder y su provisión fomentando las condiciones para que la vida nueva crezca dentro de nuestra alma. Él es infinitamente paciente y mira a largo plazo en lo que se refiere a nuestro crecimiento.

Cuando planté esas semillas diminutas en los almácigos, algunas eran tan pequeñas que casi no podía verlas. Muchas semillas cayeron juntas en un agujero como para tener oportunidad de que una o dos echaran raíz. Después de plantarlas, las regué con un poco de agua, las puse al lado de una ventana y empezó la parte difícil: esperar.

¿Sabías que no puedes lograr que una planta crezca más rápido si te quedas mirándola? Es cierto; yo lo intenté. Lo que no recordaba era que el crecimiento estaba produciéndose bajo la tierra, mucho antes de que los brotes verdes fueran visibles. Cada día, la regaba y esperaba y, mientras tanto, Dios trabajaba.

NO ESTÁS BIEN SIN JESÚS

La historia de la creación refleja bellamente la historia de la salvación. Dios, el Autor de la vida y el Creador del tiempo, introduce la vida nueva en las caóticas almas humanas que luchan y que no están bien. Dios no es solo quien creó nuestro cuerpo; también crea las condiciones para nuestro crecimiento espiritual.

El apóstol Pablo usó esta analogía en su carta a la iglesia de Corinto: «Yo sembré, Apolos regó, pero Dios ha dado el crecimiento. Así que no cuenta ni el que siembra ni el que riega, sino solo Dios, quien es el que hace crecer» (1 Corintios 3:6-7, NVI). Si bien nosotros aportamos nuestra parte de hacer agujeros, poner las semillas, cubrirlas con tierra y regarlas, en definitiva, el crecimiento y la vida vienen de Dios. Así como Dios hizo la tierra y diseñó las semillas para producir alimento y belleza para la vida, creó las condiciones espirituales para que lo conozcamos y lo sigamos. Así como encendió el sol e hizo que la tierra diera vueltas a una velocidad perfecta (ni demasiado rápido ni demasiado lento), dispuso que nuestro corazón tenga anhelo de él y de la eternidad (ver Eclesiastés 3:11).

Dios puso a los primeros seres humanos en un jardín perfecto y hermoso. Sin embargo, este escenario idílico no duró mucho tiempo y, desde el momento que comieron el fruto prohibido, Adán y Eva no estuvieron bien (ver Génesis 3). La tierra tampoco estuvo bien. Fue maldecida, estropeada y devastada por el pecado y, aún en la actualidad, seguimos cosechando esos efectos. Luego de la rebelión de Adán y Eva, Dios se dirigió directamente a ellos y repartió los resultados de su desobediencia. A Adán le dijo: «¡Maldita será la tierra por tu culpa! Con penosos trabajos comerás de ella todos los días de tu vida. La tierra te producirá cardos y espinas, y comerás hierbas silvestres» (Génesis 3:17-18, NVI). La tierra que había sido creada para dar frutos, ahora produciría cardos y espinas, dolor y decepción, sufrimiento y angustia. Cuando luchas contra la envidia, crecen las espinas. Cuando sientes amargura contra la persona que te traicionó, crecen las espinas. Cuando deseas algo que Dios no te ha dado, crecen las espinas.

Las espinas que nacieron en la tierra por causa de la maldición fueron apenas el comienzo. Más tarde, esas espinas causaron un dolor que nunca antes se había sentido y que nunca volvió a sentirse: el de la crucifixión de Cristo. El dolor que Jesús soportó en la cruz fue peor que el sufrimiento físico. También soportó la ira de Dios contra el pecado y cargó sobre sus hombros el peso de la depravación humana (ver Isaías 53:10). La misma maldición que Adán había cosechado como producto de su desobediencia fue clavada en la cabeza de Jesús en la forma de una corona de espinas (ver Romanos 5:12-21; Gálatas 3:13).

Cristo pasó a «no estar bien» por nosotras para que pudiéramos estar más que bien eternamente en él (ver Romanos 5:8). Cristo, el que creó el mundo verde y frondoso, y el que generó vida y maravillas de la nada, cosechó las consecuencias del pecado *por* nosotras. Es casi demasiado escandaloso para ser cierto. Por eso, el evangelio nos demuele y, a la vez, nos restaura. Es tan maravilloso, tan indescriptible, implica tanta gracia, que se necesita una vida entera y toda la eternidad para que lo entendamos cabalmente. Cristo redimió las espinas de esta vida al ponérselas por nosotras (ver Mateo 27:29). Ya no somos regidas por las circunstancias destructivas de la vida ni estamos atascadas en fortificaciones implacables; somos libres y, al fin, estamos bien (más que bien) en él.

Aun en los momentos que la vida no está bien (cuando un oficial de policía se presenta en la puerta de tu casa con una noticia trágica, cuando en la casilla del correo electrónico aparece de repente una historia estremecedora, cuando tu hijo se rebela y se va de tu casa), acuérdate de la corona de espinas que traspasa la frente perfecta de Cristo, quien ahora está resucitado y tiene puesta una corona eterna de gloria (ver Apocalipsis 19:12). La mujer cultivada en su Palabra no es una mujer perfecta, pero muestra a la Persona perfecta que fue traspasada con espinas en lugar de ella. Es posible que aún crezcan las espinas del sufrimiento y de la angustia, pero no nos traspasan para siempre. Todo dolor que experimentemos vuelve a señalarnos a Cristo, que usó la corona de espinas para poner fin a la maldición causada por el pecado.

Charles Spurgeon, conocido como el «príncipe de los predicadores», dijo: «¡Espinas y cardos te producirá la tierra, pero si estos te acercan más a Dios, son el mejor cultivo que puede producir la tierra!»[2].

ESTÁS MEJOR QUE BIEN EN CRISTO

Si me preguntara cómo estoy ahora, que he terminado de escribir este capítulo, respondería de una manera distinta. Aunque todavía tengo una larga lista de pendientes frente a mí, la casa desordenada alrededor y un mar de emociones agitadas en mi interior, la Palabra de verdad está obrando, reorientándome y recordándome que Dios es bueno, aun ahora. Mis circunstancias no han cambiado, pero la actitud de mi corazón cambia cuando miro a Jesús (ver Hebreos 12:1-3). A pesar de que aún hay cosas que me preocupan, Dios me recuerda que le importo. Esto es lo que la Palabra de Dios le hace a nuestros sentimientos y a nuestras luchas actuales: nos da lo que necesitamos, precisamente cuando lo necesitamos (ver Filipenses 4:19).

Cuando nuestras raíces se aferran profundamente en la bondad y en el amor inalterable de Dios, nada puede conmocionarnos ni quebrarnos para siempre. Su bondad y su amor constantes nos mantienen íntegras cuando la vida se viene abajo. Sirven de bálsamo curativo cuando las espinas caen sobre nuestra alma. Cuando no estamos bien, recordamos que nuestra actitud de alabanza no depende de la comodidad de nuestra situación, sino del hecho de que Dios es bueno, punto (ver Salmo 136). Esto es lo que el apóstol Pablo pedía en oración por los creyentes que atravesaban padecimientos: que no se desanimaran, sino que «arraigados y cimentados en amor» pudieran conocer ese «amor de Cristo... que sobrepasa nuestro conocimiento» (Efesios 3:13-19, NVI). Jamás estarás vacía cuando estés llena de Jesús.

El mismo que hizo el mundo y lo redimió, un día, también restaurará al mundo para que esté *mejor* que bien: será glorioso y aun mejor que el Edén[3]. Las espinas del dolor, la tristeza, la duda y el abatimiento ya no crecerán ni echarán raíz en nuestro corazón (ver Apocalipsis 21:1-5). En lugar de ello, cuando moremos para siempre con Dios, cuya presencia nos dará luz, cosecharemos vida, gozo, abundancia y paz (ver Apocalipsis 22:5). Esperamos ese glorioso día, mientras Dios se ocupa del terreno de nuestro corazón (ver Romanos 8:19-25).

En este tiempo intermedio, asumimos las realidades de vivir en un mundo caído, a la vez que estamos profundamente arraigadas en la Palabra infalible de Dios. Estas raíces no pueden ser arrancadas ni eliminadas de la tierra. Son firmes y duraderas y crecen cada vez más profundas, día tras día. Cuando las cosas no están bien, esas raíces nos mantienen asentadas en la verdad que ya conocemos.

Afiánzate profundamente a la Palabra de Dios, y ella se afianzará en ti. Vivir la vida cultivada en su Palabra no significa estar siempre bien. Quiere decir que siempre crecerás más unida a Jesús y menos apegada a este mundo. Incluso en los momentos cotidianos e inadvertidos, el Jardinero está ocupándose de tu alma y sanándola.

Por lo tanto, espera con esperanza. Un día, todo estará mejor que bien en él. Hasta entonces, deja que las espinas y los cardos de la vida te acerquen más a él y atraviesen tu corazón con la verdad del evangelio.

LA MUJER CULTIVADA
EN SU PALABRA RENUNCIA
A LA VIDA ESFORZADA
A CAMBIO DE UNA VIDA
PROFUNDAMENTE ARRAIGADA
EN LA PALABRA DE DIOS.

CAPÍTULO 2

LAS RAÍCES DE LA IDENTIDAD

Mi pasado puede desanimarme y mi futuro puede asustarme, pero «lo que ahora vivo» puede ser enriquecedor y alentador porque «Cristo vive en mí» (Gálatas 2:20, NVI).

WARREN WIERSBE

La historia de una mujer sedienta

Mirando al espejo, analizó a la desconocida que la miraba de reojo. *¿Quién soy?*, se preguntó. En el camino, había perdido su identidad a causa de las expectativas puestas en ella, tanto por los demás como por sí misma. Las comparaciones le robaron la autoconfianza, y la inseguridad la privó de la libertad. Su pasado la obsesionaba y el futuro la aterraba. No sabía quién era y deambulaba sin rumbo, tratando de encontrar su verdadera identidad. Estaba perdida entre miles de mentiras que había llegado a aceptar como verdades. ¿Alguna vez sería capaz de arrancar las raíces podridas enterradas en lo profundo de su corazón? ¿Alguna vez podría saber quién era en realidad... y quién se suponía que debía ser?

LOS NUBARRONES SE ARREMOLINABAN EN EL CIELO, mientras la brisa salina del mar nos envolvía en un abrazo neblinoso. Las olas estallaban en la costa, recordándome lo pequeña y vulnerable que soy. Valientes, mi esposo y yo salimos a explorar la orilla del mar antes de que empezara la tormenta.

Los macizos árboles bordeaban la costa de la playa en Kauai, ostentando sus impresionantes raigambres que, poco a poco, habían sido expuestas por los vientos inclementes y por los fuertes oleajes. Las raíces se extendían como un laberinto enorme, que se hacía más intrincado cuanto más profundo se hubieran metido en el suelo.

Las raigambres parecían más grandes que los árboles mismos. De pie sobre la arena, con las raíces superando mi altura de un metro setenta, me veía pequeña en comparación. Me sujeté de una de las raíces gruesas y empecé a columpiarme como una niña de espíritu libre. La raíz ni siquiera cedió con mi peso. Resulta que el soplar constante de los vientos y la rompiente de las olas no solo había dejado al descubierto las raíces; el clima las había hecho más fuertes.

Las olas de la vida también se estrellan sobre nosotras. Dejan al descubierto las raíces, el origen real de nuestra identidad. Las creencias vitales (sean verdaderas o falsas) se vuelven más sólidas y más fuertes cuando atravesamos las tormentas de la vida. A menudo, no sabemos verdaderamente qué creemos sobre Dios y sobre nosotras, hasta que las dificultades, las pruebas y la tentación nos chocan y exponen lo que hay bajo la superficie. Si nuestras raíces son firmes y están afianzadas en el fundamento de la verdad, nos mantendremos estables y seremos más fuertes para la próxima tempestad. De lo contrario, seremos sacudidas y, finalmente, derribadas.

LAS RAÍCES QUE NUNCA QUISIMOS

Después de que la semilla es enterrada, su principal prioridad es desarrollar raíces en el suelo. Las raíces son el motor de la planta: absorben los nutrientes de la tierra, asimilan el agua y estabilizan a la planta. Sin raíces, las plantas no pueden crecer, florecer ni dar fruto. Sin su trabajo invisible bajo la superficie, no habría vida arriba. Los árboles más fuertes y las plantas más resistentes son las que tienen las raíces más profundas... y, muchas veces, son las que han hecho frente a la mayoría de las tormentas.

Uno de mis placeres simples en la vida son los ramos de flores comprados a mediados del invierno. Traen vida y belleza a nuestro hogar; un recordatorio de que, aun en las condiciones más duras, las cosas buenas pueden crecer. Pero duran apenas un tiempo porque han sido cortadas de su fuente de vida. En el momento que esas bellezas son cortadas, el reloj empieza a correr hasta que, inevitablemente, se marchitan y, finalmente, llega la muerte. A diferencia de las plantas perennes, las cuales reviven año tras año, estas flores solo pueden brindar una satisfacción pasajera. ¿Dónde está la diferencia? En las raíces.

Nuestra identidad tiene raíces invisibles, ocultas; no obstante, manifiestas en la forma de vivir. Básicamente, nuestro sentido de identidad está arraigado en lo que creemos sobre Dios y sobre nosotras mismas. Cuando estas creencias no tienen raíces en la verdad, el resultado es caótico. Quizás, tu identidad se haya formado en las experiencias pasadas, en lo que consideras fracasos o en las palabras falsas que dijeron sobre ti. O, tal vez, tu identidad esté arraigada en una situación actual que te hace sentir atascada y decepcionada. Tu identidad podría estar arraigada en los miedos sobre el futuro, en los potenciales errores o en una sensación de inminente fatalidad. Lo más probable es que tus raíces se enreden en los tres: el sufrimiento pasado, las luchas actuales y las preocupaciones futuras. Sé que fue así en mi caso.

Aunque crecí en un hogar cristiano y he sido seguidora de Cristo la mayor parte de mi vida, muchas de mis creencias centrales contrastaban ásperamente con la verdad de Dios. Para rastrear estas raíces, retrocedí hasta mi niñez, cuando empecé a darle crédito a las mentiras de Satanás por encima de la verdad de Dios.

En una etapa tan temprana como el jardín de infantes, recuerdo el dolor de que me excluyeran y de sentirme distinta a los demás. Creía que no les agradaba a las personas y que, para caerles bien, debía ganarme su cariño. Una de las niñas de la que desesperadamente quería ser amiga me había invitado a su fiesta de cumpleaños y yo estaba emocionada. Pero, no mucho después de que llegué al lugar, comí un perrito caliente y me descompuse. No fue una imagen agradable, y ese grupo de niñas no volvió a invitarme a jugar con ellas. Esta experiencia profundizó la mentira de que yo tenía defectos imposibles de solucionar.

> *Raíz podrida:* Lo que otros piensan de ti es más importante que lo que Dios piensa.
>
> *Raíz en el evangelio:* Cuando Dios te mira, ve a Cristo, no tus fracasos pasados ni tus errores. Tu valor está determinado por quien te creó: el Dios de los cielos y la tierra. El único auditorio por el cual vale la pena vivir consta de una Persona.

Cuando estaba en tercer grado, nuestra familia se mudó de El Paso, en Texas, a Atlanta, en Georgia, lo cual fue, como mínimo, un choque cultural. Nunca había visto árboles altos ni rascacielos y estaba emocionada por esta nueva aventura. Pero sentía que no encajaba en mi nueva escuela. Un niño que vivía en el mismo complejo de apartamentos que el nuestro divulgó rumores sobre mí y otra vez me sentí como una marginada. Ya desde aquella temprana edad, aprendí a ocultar mis luchas y a poner carita de que era feliz, aunque estuviera sufriendo. Esta costumbre me siguió hasta la adultez.

> *Raíz podrida:* Tienes que disimular tu dolor poniendo cara de felicidad.
>
> *Raíz en el evangelio:* Cristo ha experimentado el dolor por ti. Te entiende, te escucha, está contigo y puede tratar tu corazón

dolido. Entrégale el dolor a él y acepta su promesa de sanación (ver Isaías 53:5).

En mi juventud, creía que debía usar determinada talla y tener tal cuerpo para ser hermosa y amada. No me ponía un traje de baño a menos que hubiera hecho abdominales o ejercicios. Me comparaba constantemente con cada mujer que tenía cerca, y me ahogaba en mis derrotas.

Raíz podrida: La verdadera belleza está condicionada por tu peso, tu color de piel y tu talla.

Raíz en el evangelio: Tu valor está determinado por tu Salvador, quien cargó el peso del mundo sobre sus hombros para liberarte (ver Juan 8:32).

Cuando era una mamá inexperta, creía que mi valor era consecuencia de lo que lograba (desde cuán bien se portaban mis hijos, o si me hacían quedar bien) y de la cantidad de cosas que tildaba a diario en mi lista de pendientes.

Raíz podrida: Para tener éxito y ser valiosa, debes ser productiva constantemente y nunca tomarte un descanso.

Raíz en el evangelio: Nunca puedes hacer ni ser lo suficiente para satisfacer a la multitud. Lo más productivo que puedes hacer es amar a Dios con todo tu corazón, alma, mente y fuerza, y amar a tu prójimo como a ti misma (ver Mateo 22:37-38).

Si creemos las mentiras de Satanás, veremos que nuestra vida estará vacía de gozo y perderemos la capacidad de deleitarnos en la bondad y en la gracia de Dios. El diablo quiere mantenernos encerradas en esas mentiras, muchas de las cuales nacen en nuestros comienzos, porque así intenta ganar la batalla por nuestra identidad. Esta es la razón por la que Satanás hará todo lo posible por impedir que abras tu Biblia. Él sabe que su mentira no puede resistir la verdad de la Palabra de Dios.

Cuanto más hambre comencé a tener de la Palabra de Dios, más puso en evidencia el Espíritu Santo las mentiras que yo creía en cuanto a Dios y a mí misma. Comencé la necesaria eliminación de estas mentiras profundamente arraigadas para poder experimentar la liberación de todo lo que no era cierto y poder creer de verdad en la Palabra de Dios.

LAS RAÍCES DE LA IDENTIDAD COMIENZAN EN EL NACIMIENTO

Desde el momento que naciste, comenzaron a formarse las raíces de tu identidad. La experiencia de la primera infancia establece las bases para tu sistema de creencias, para bien o para mal. Aun los niños más felices adquieren creencias erróneas sobre quién es Dios, así como sobre quiénes son ellos, o deberían ser. Estas creencias son como las raíces de los árboles que se entierran profundamente con el paso del tiempo. A medida que los árboles crecen hacia arriba, las raíces siguen creciendo hacia abajo. Las buenas raíces producen un buen fruto; las raíces podridas producen un fruto podrido (o, directamente, ningún fruto).

Lo que creemos en cuanto a quién es Dios y quiénes somos en él quedará al descubierto cuando el viento y las olas de la vida azoten nuestra alma. Por más que intentemos esconder el quebranto del pasado, la inestabilidad de nuestro presente o la incertidumbre de nuestro futuro, a la larga, quedaremos expuestas. Como Jesús explicó a sus discípulos, «de la abundancia del corazón habla la boca. El hombre bueno, del buen tesoro del corazón saca buenas cosas, y el hombre malo, del mal tesoro saca malas cosas» (Mateo 12:34-35, RVR95).

A menudo, no sé en realidad qué pienso o en qué creo, hasta que empiezo a escribir o a hablar. Cuando vuelco efusivamente las palabras, mis ojos espirituales pueden ver lo que está creciendo en mi alma. Y, la mayoría de las veces, no es la imagen más bonita. Cuando mi esposo me dice un cumplido, mi primera reacción es resistirlo y replicar lo opuesto. ¿Por qué? Porque en lo profundo de mi alma, no creo que sus palabras sean ciertas. Estoy convencida de que estoy arruinada y que no merezco amor. He olvidado mi verdadera identidad en Cristo: que en él soy una nueva creación, profundamente amada, y que fui diseñada en forma deliberada (ver 2 Corintios 5:17; Efesios 2:10; 1 Juan 3:1). En él soy amada, querida y bien vista (ver 1 Samuel 16:7; Salmo 33:13; 1 Pedro 2:9-10). En él soy libre (ver Juan 8:32; Gálatas 5:1). Aunque nuestra respuesta inicial sea tóxica, podemos tomar la decisión de quitar las raíces podridas y, en su lugar, cuidar las buenas raíces. Por medio de la poda y del cuidado, podremos vivir nuestra identidad como hijas de Dios.

A comienzos de este año, cuando mi médico dijo que necesitaría hacerme una biopsia de un nódulo potencialmente cancerígeno en mi glándula tiroides, me sorprendí cuestionando a Dios, como tocando mi pequeño violín en un concierto de autocompasión. En lugar de orar y de confiar en Dios, lo primero que hice fue mandarle un mensaje a mi esposo, a mi mamá y a mi hermana, quejándome de que Dios nunca me da un respiro.

«*¿Por qué* a mí? *¿Por qué* esto? *¿Por qué* ahora?», me preguntaba una y otra vez.

Esto expuso la mentira muy naturalizada en mí de que yo, como cristiana, no debía sufrir ni depender de nadie. Yo quería ser la ayuda, no quien la recibiera. Quería estar sana, no necesitar medicamentos. Pero la Biblia dice justamente lo contrario: «"Mi gracia es todo lo que necesitas; mi poder actúa mejor en la debilidad". Así que ahora me alegra jactarme de mis debilidades, para que el poder de Cristo pueda actuar a través de mí» (2 Corintios 12:9). Dios nunca prometió darnos una vida sin dolor; de hecho, los desafíos son los lugares en los que él mejor demuestra su gloria.

Otra falsa raíz de identidad arrancada.

A pesar de que el estudio retornó sin ningún indicio de cáncer, no estoy fuera de peligro (y, de este lado del cielo, nunca lo estaré). Al pasar por ese inconveniente inesperado, aprendí que incluso si la biopsia hubiera revelado un diagnóstico cancerígeno, Dios seguiría siendo bueno, aunque esta no fuera mi primera reacción. Parece que cuando supero una prueba, la próxima ya está en marcha. Y no tiene que ser sobre temas importantes: los detalles cotidianos también tienen el potencial de hacerme descarrilar.

Cuando mis planes para un viaje perfecto en familia se arruinan, suelo perder de vista la belleza que ocurre en el quebranto. Mis quejas ahogan las bendiciones que fluyen constantemente. No hace mucho, mi esposo y yo planificamos un paseo con nuestros hijos al acuario de Atlanta. Aparentemente, el resto de la ciudad había tenido la misma idea porque el lugar estaba colmado. Nuestros niños quisieron que los alzáramos en brazos todo el tiempo y apenas pudimos ver los peces, yendo a toda prisa de un lugar a otro. Nuestro día fue un desquicio desde el comienzo y no se pareció en nada a la salida digna de Instagram que yo tenía en mente.

He vivido la mayor parte de mi vida a la sombra de la desmotivación cuando mis expectativas poco realistas se desmoronan. *¿Por qué?* Porque yo creo que la vida debería ser perfecta y, si la realidad no está a la altura de mi criterio de perfección, se convierte en una pérdida de tiempo y de esfuerzo. Yo pongo mi esperanza en la perfección terrenal, lo cual Dios nunca me ha prometido, en lugar de ponerla en mi Salvador, quien promete redención y belleza en medio de lugares, proyectos y personas quebradas.

Nuestras creencias centrales moldean nuestros pensamientos, los cuales se plasman en nuestros actos. Si quieres saber qué crees de verdad, presta atención a los pensamientos que flotan por tu mente. ¿Con qué sueñas? ¿Qué te desanima o te inquieta? ¿Qué cosas enardecen tu alma?

Nuestras creencias centrales no solo moldean nuestros pensamientos; también son el origen de nuestras palabras y de nuestros actos. Al final de cada día, examina tus reacciones y tus decisiones y síguelas la pista hasta la raíz. ¿Qué creencia implícita generó ese comportamiento? ¿Qué creencia en cuanto a ti misma o a Dios motivó esas palabras? ¿Qué clase de fruto está produciendo dicha creencia? Si es un fruto podrido, ¿cómo se puede sacar a la luz esta creencia y cortarla con el serrucho de la verdad?

No podrás quitar una raíz podrida de identidad en un solo día. Pero cuando tengas el hábito de capturar tus pensamientos y hacer que obedezcan a Cristo y a su Palabra (ver 2 Corintios 10:5), tus creencias cambiarán gradualmente y se formarán nuevas raíces.

LA TIERRA DE TU ALMA

El árbol de hierro, nativo de Australia, fue introducido en las costas de Hawái en el año 1895[1]. Este árbol es conocido por su capacidad de echar raíces aun en los suelos más pobres, lo cual explica por qué puede sobrevivir junto a la orilla del océano pese al fuerte oleaje. Así como el árbol de hierro puede meter sus raíces en la arena o en la tierra fértil, la identidad puede echar raíces tanto en la mentira como en la verdad. Lo bueno y lo malo pueden mezclarse en los cimientos de quién es uno como persona, y estos cimientos influyen sobre quién eres en este preciso momento.

He aprendido de primera mano que, aunque las raíces sean malas, todavía hay esperanza. Dios puede restaurar aun el sistema de creencias más nocivo, con raíces sanas. El evangelio arranca las mentiras enterradas en nuestra alma y, en su lugar, planta la verdad. Desde luego, no es un hecho que suceda una sola vez. Implica una renovación diaria, mientras Dios permite que las olas de la vida caigan sobre nuestra alma y expongan qué debería quedarse y qué debería irse.

Sin embargo, las olas no siempre son un regalo bien recibido. Cuando el oleaje viene y se estrella contra mi alma, lo primero que quiero hacer es protegerme de los golpes. Según parece, Charles Spurgeon dijo: «He *aprendido* a besar la ola que me lanza contra la Roca Eterna» (énfasis añadido). En otras palabras, reconocía que las olas siempre vendrán; lo que hace la diferencia es cómo reaccionamos ante ellas. La reacción aprendida de aceptar esas olas como dádivas de gracia llega cuando nos planteamos la manera en que Cristo aceptó el tsunami del pecado en la cruz. Aunque forcejeó al punto de que cayeron gotas de sangre de su frente, él besó la ola y oró: «Que se haga tu voluntad, no la mía» (Lucas 22:42-44).

Esto es exactamente lo que cada día hacen los árboles de hierro en las costas de Hawái: besan las olas. Sus raíces al descubierto los hacen más fuertes, por no mencionar que son imponentes. Lo cual trae a colación una pregunta con la que lucho, que me persigue y, a la vez, libera mi alma: *¿Podrá ser que las olas de la vida en realidad generen en nosotras una identidad más profunda, más fuerte y más firme en Cristo, que no existiría sin las tormentas embravecidas y el oleaje violento?*

Las Escrituras revelan este misterio de crecimiento desde el Génesis hasta el Apocalipsis. Cada persona mencionada en la Biblia enfrentó la adversidad. Algunos tuvieron crisis de identidad. Algunos sobrevivieron y crecieron después de las pruebas, mientras que otros murieron por su fe. Pero no todos aprendieron a besar las olas. Los que lo hicieron llegaron a conocer más profundamente a Dios. Muchas de esas personas están registradas en Hebreos 11, a menudo conocido como la «Galería de la fe». El autor de Hebreos las describe de esta manera: «Todas estas personas murieron aún creyendo lo que Dios les había prometido. Y aunque no recibieron lo prometido, lo vieron desde lejos y lo aceptaron con gusto. Coincidieron en que eran extranjeros y nómadas aquí en este mundo». Ellos desearon «un lugar mejor, una patria celestial» (Hebreos 11:13, 16).

Dios puede usar nuestras pruebas para enseñarle al mundo que su gracia es más grande. Él puede transformar las olas que azotan nuestra costa en dádivas que rompen las raíces podridas y fortalecen nuestra verdadera identidad en él. Las raíces de identidad de los enumerados en la galería de la fe no estaban en su presente ni en su pasado, sino en el Dios inmutable, inquebrantable y siempre amoroso... y en su futuro seguro con él. El mismo ofrecimiento está disponible también para nosotros.

LAS RAÍCES BUENAS PRODUCEN UN FRUTO BUENO

La primera vez que me propuse cultivar mi huerto, fui lo que podría describir como excesivamente ambiciosa. En lugar de sembrar una planta de tomates, puse diez. Como vivíamos en una casa alquilada y no podía tener un huerto tradicional, puse cada planta en su propia maceta. Algunas colgaban de ganchos en el porche y otras estaban esparcidas por el patio. Semanas después de cuidar a estas plantas de tomates, noté que una de ellas no crecía como las demás. Las hojas estaban poniéndose amarillas y los brotes se desvanecían. A cada una la había cuidado de la misma manera, pero esta no daba fruto como debía. Finalmente, decidí reubicar a la planta molesta y tratar de identificar el problema.

Cuando volqué la maceta, me golpeó un olor acre. Bajo la superficie de la planta, en la tierra, las raíces estaban pudriéndose. Por falta de conocimiento como novata en la jardinería, no había perforado la base de la maceta plástica y, por lo tanto, no había sistema de drenaje. Toda el agua que le había dado a la planta estaba en el fondo del recipiente y no tenía por dónde salir. La planta creció un breve tiempo, hasta que los problemas debajo de la superficie se volvieron evidentes sobre la superficie.

Cuando tus raíces de identidad se pudren, tu vida empieza a reflejar lo que sucede en las raíces. Al principio, puede ser sutil, pero no puede dar frutos buenos y duraderos sin raíces buenas y sanas. A Dios no le interesa únicamente el fruto de nuestra vida; él primero se ocupa de nuestras raíces.

Para sobrevivir y desarrollarse, nuestra alma necesita un sistema adecuado de drenaje. Si dejamos que cada pensamiento o creencia se quede en el fondo de nuestra alma y no le ofrecemos una manera de drenar, no tardaremos en volvernos como mi planta podrida: infructíferas y atrofiadas en nuestro crecimiento. Necesitamos una manera de deshacernos de los pensamientos dañinos que se quedan atorados en nuestro espíritu. A esto lo llamo «filtrar los pensamientos». Lo que escuchamos y lo que creemos debe pasar por el filtro de la verdad de la Palabra de Dios.

En definitiva, lo que creemos sobre Dios y sobre quiénes somos en él afecta nuestra manera de vivir y de pensar, y estas creencias están en la raigambre de nuestra alma. Si tenemos buenas raíces, nuestra vida producirá el fruto bueno del Espíritu (ver Gálatas 5:22-23). Las raíces pueden ser establecidas y fortalecidas solo cuando las riega la verdad de las Escrituras y están limpias de las mentiras de este mundo.

Si las raíces de nuestra identidad están sanas, no afectan únicamente a nuestra vida. Las buenas raíces crean los cimientos de un buen fruto para ti, para otros y para la gloria de Dios.

COMBATE LA PUTREFACCIÓN DE RAÍCES EN EL JARDÍN DE TU ALMA

Convertirse en una «filtradora de pensamientos» es algo que solo sucede si podemos distinguir un pensamiento podrido de uno bueno, y esto sucede únicamente cuando conocemos la Palabra de Dios. Nunca seremos libres de las mentiras si no conocemos la verdad (ver Juan 8:32). Nunca sobreviviremos a las tempestades si no echamos raíces en tierra buena. Nunca viviremos la vida cultivada en su Palabra si no tenemos un buen sistema de drenaje que ayude a crecer nuestras raíces y desarrollar nuestra vida. Cuando las olas de la vida caen sobre nosotras y la tormenta brama desde lo alto, necesitamos raíces de identidad que estén fundadas en el evangelio para que podamos «besar las olas» y aferrarnos a Cristo.

Viví la mayor parte de mi vida con raíces podridas que formaban la base de mis actos, mis sentimientos y mis pensamientos. Aunque estaba en la iglesia todos los domingos (y los lunes y los miércoles y, probablemente, otros días más), en el fondo, ciertamente no creía que Dios es bueno, y que Dios es bueno conmigo. Cada ola que chocaba contra la orilla de mi alma me hacía caer dando vueltas, y yo me preguntaba si Dios me libraría o me fallaría. Mis deseos de perfección (para mí misma, para los demás y para mis circunstancias) produjeron raíces podridas de desesperación, desesperanza y desánimo.

Cuando iba a la escuela preparatoria, mi papá perdió su empleo inesperadamente y, por algún motivo, sentí que yo era la responsable. Creía que Dios estaba castigando a nuestra familia por mi falta de fe; entonces, comencé a orar más, tratando de convencer a Dios de que éramos suficientemente buenos y de que él debía cubrir nuestras necesidades. Me convencí de la mentira de que si éramos fieles, recibiríamos un pase de «pare de sufrir».

Con el paso del tiempo, cuando las cosas no parecían mejorar en la situación laboral de mi padre, por fin me sinceré con mi mamá. En medio de sollozos desgarradores, le dije que pensaba que Dios no era fiel con nuestra familia a causa de mi falta de fe. Como si fuera poco, no estaba diezmando tanto como podría con el dinero que ganaba como niñera. Había malinterpretado el mensaje central del evangelio: que, lejos de Cristo, estoy perdida y desamparada, pero que su gracia es suficiente (ver 2 Corintios 12:9). Él sigue siendo fiel a nosotros, aunque le seamos infieles (ver 2 Timoteo 2:13).

Durante la década siguiente, la raíz podrida empezó a oler mal y la fetidez no solo me afectó a mí: también empezó a afectar a mi esposo, a mis hijos, a mi familia, a mis amigos y a mi ministerio.

Finalmente, lo entendí: las raíces de mi vida, aunque muchas veces ocultas al ojo humano, con el tiempo se hacen evidentes por el olor de la vida y por el fruto que producen (o que no producen). Si quiero aceptar la vida por la que Jesús murió para que fuera posible, tengo que desenterrar las raíces podridas con la pala de la Palabra de Dios y, con ayuda del Espíritu Santo, plantar la verdad. Y este no es un hecho que sucede de una sola vez; el jardín de mi alma siempre necesita cuidados. Cada día debo excavar y reemplazar las raíces podridas con pensamientos buenos y verdaderos.

Cuando nuestras raíces comiencen a aparecer, como los árboles de hierro en la playa de Hawái, quizás sean un espectáculo que atraiga a las personas a la gloria de Dios. Porque las raíces fuertes no se forman solas. Se hacen fuertes por los embates de las olas y de las tempestades y, lo más importante, por la gracia de Dios que las sustenta.

LA MUJER CULTIVADA
EN SU PALABRA SABE
QUIÉN ES JESÚS, Y QUIÉN ES
EL QUE TRANSFORMA
POR COMPLETO SU PASADO,
SU PRESENTE Y SU FUTURO.

CAPÍTULO 3

ENTREGA TU VACÍO

No hay pozo tan profundo que supere
la profundidad del amor de Dios.

CORRIE TEN BOOM

La historia de una mujer sedienta

Su desolación la traicionó. Justo cuando pensaba que había escondido sus defectos, salieron a borbotones del armario de trastos de su corazón, para que todo el mundo los viera. Los años de ocultamiento la habían confinado bajo las sombras de la desesperación. La oscuridad enturbiaba su corazón y la vergüenza hacía estragos en lo profundo de su ser. Lo que más temía (la exposición) era el único camino para liberarse, la única llave que la sacaría de la prisión. Cansada de estar atrapada por la esclavitud del pecado y la desolación, necesitaba caminar hacia la luz, con todo su bagaje. Si llevaba su cuenco vacío a Jesús, ¿podría él llenarlo de su gracia?

AGACHADA EN EL FRÍO PISO PLASTIFICADO, sollocé al ver los mechones de cabello que tenía entre mis dedos. Finalmente, los meses de matarme de hambre le pasaron factura a mi salud y la falta de nutrientes hizo que mi cuerpo desechara cualquier cosa innecesaria para la supervivencia. Escondida en el baño de mi apartamento universitario, no quería que nadie volviera a verme jamás. Todo el cabello castaño que alguna vez me había coronado, empezó a caer al piso; el recordatorio visible de mi pecado y de mi quebranto. *¿Cómo era posible que la belleza prometida me costara tanto?*, me pregunté. Lágrimas calientes y saladas, que brotaban de mi corazón roto, cayeron por mis mejillas.

Unos minutos antes, mis compañeras de apartamento me habían confrontado por mi trastorno alimenticio. Al recordarlo ahora, veo que lo hacían por amor y por compasión, aunque en ese momento lo sentí como una daga clavada en mi corazón.

Acababa de volver a nuestro apartamento luego de una salida con amigos, cuando encontré a las chicas con las que vivía, esperándome apiñadas en la sala. «Si no haces algo al respecto, te llevaremos al hospital», dijo una de ellas.

No pude responderles nada; simplemente, me quedé parada, temblando, completamente destrozada. Lo que pensaba que había ocultado era obvio para todos.

Sin saber qué hacer, fui arriba y llamé a mi mamá para pedirle ayuda desesperadamente. Mientras estaba sola en mi cuarto, esperando que mi madre hiciera el viaje de una hora para llegar a mi apartamento, me sentí totalmente fracasada.

Era como si mi pecado hubiera sido grabado en una pantalla de cine para que todo el mundo lo viera y lo juzgara. No pensé que alguna vez pudiera recuperarme de la vergüenza y el ridículo. La desesperación descendía sobre mi alma como una nube imponente, y lo único que quería hacer era esconderme de la tormenta que se arremolinaba en mi corazón. Ese día, puse una muralla de protección a mi alrededor; un muro para impedir que la gente viera cuán quebrantada y herida estaba en realidad.

Había una sola manera en que el muro se derrumbaría: con la bola de demolición del evangelio.

CRECER COMO UNA BUENA CHICA

Doce años antes de mi punto de quiebre en el piso del baño, había caminado por el pasillo de la iglesia que mi padre pastoreaba en El Paso, Texas, para entregar mi vida a Jesús. Lo recuerdo como si hubiera sido ayer. Cada semana, mis padres nos sentaban a mí y a mis hermanos en la camioneta familiar y nos llevaban por los caminos del desierto hasta la iglesia, que estaba cercada por arena blanca y cactus desgarbados. Papá se paraba en el púlpito todos los domingos y predicaba un mensaje al que yo, por lo general, no le prestaba atención porque estaba demasiado ocupada coloreando o soñando despierta en el primer banco de madera.

Sin embargo, ese día fue diferente. Los oídos de mi corazón sintonizaron el mensaje que no había entendido anteriormente:

el evangelio de Jesucristo. Mi corazón palpitó en mi pecho cuando entendí por primera vez que yo era una pecadora que necesitaba al Salvador. De pie, con mi vestido dominical, pasé al frente durante el llamado al altar para hablarle a mi papá. Cuando llegamos a casa, él y mi mamá me guiaron al mensaje del evangelio y a lo que significa ser una seguidora de Jesús y, luego, oraron conmigo. Al domingo siguiente, me vestí con una túnica blanca y me sumergieron en un bautisterio en el frente de la iglesia, la manifestación externa de mi condición como nueva creación en Cristo.

Debo reconocer que aquellos primeros días posteriores a mi salvación no fueron muy distintos a los previos. Seguí mi camino intentando vivir la vida de una «buena chica». Cuando llegué a la escuela secundaria, ya sabía hablar como cristiana y comportarme como cristiana. En la escuela secundaria cristiana a la que asistía, el cuerpo docente entregaba cada año un premio al «mejor cristiano», y yo fui galardonada varias veces con él. El parámetro de ser la «mejor» se convirtió en una expectativa inalcanzable que me impuse, y en mi biblioteca tenía los trofeos que me lo recordaban.

Pese a lo bien intencionado que era el premio, distorsionó mi comprensión de la gracia y del evangelio durante muchos años, y lo añadí a mi currículum de «buena chica». Aunque yo amaba a Jesús, eso sucedió años antes de que el amor llegara a ser un conocimiento más profundo del peso y de la gloria del evangelio. Como aspirante a buena chica, era adepta a las reglas y quería agradar a las personas. Buscaba la reafirmación mediante mis logros y trataba de evitar el castigo a toda costa. Mis ansias de perfección me retenían en un círculo de vergüenza y decepción. Cuando actuaba bien, me sentía bien conmigo misma, pero cuando metía la pata, lo primero que pensaba era en escaparme y esconderme. De alguna manera, esconderme se convirtió en mi especialidad.

DEL ORO AL ÚLTIMO PUESTO

Soñadora como era, solía pretender que era otra: princesa, bailarina, artista, maestra, sirvienta, recolectora de basura (¡sí, leyó bien!), o mesera. El primer recuerdo que tengo de tratar de huir de mi propio fracaso sucedió no mucho después de que le entregué mi vida a Jesús.

Ese día en particular, decidí jugar a que era una gimnasta. Mamá había salido a hacer mandados y yo estaba en casa con mi hermano mayor y con mi hermana. La sala de estar de nuestra pintoresca casa celeste tenía un sofá de *tweed* con un respaldo fuerte. Al observar la estructura del sofá, vi la barra de equilibrio perfecta donde podría practicar para mi futuro como gimnasta olímpica. La victoria del equipo de gimnastas olímpicos de los Estados Unidos todavía estaba fresca en mis recuerdos y había decidido que yo también sería una atleta olímpica.

Tomé mi posición en la «barra de equilibrio», extendí los brazos horizontalmente y emprendí la caminata, bajando un pie a la izquierda y el otro a la derecha. Paso por medio, sumaba algún saltito a mi destreza mientras la muchedumbre imaginaria me aclamaba desenfrenadamente. Al acercarme a la conclusión de mi rutina, me preparé para el gran final que me haría ganar el oro en ese caluroso día de Texas.

Cuando comenzaba mi descenso, con el pie golpeé la lámpara de la mesa lateral y la hice caer al piso, donde se hizo pedazos. La multitud hizo silencio. Bajé del sofá de un brinco, volé a mi cuarto, cerré la puerta y me escondí debajo de la cama, esperando que la lámpara mágicamente se arreglara sola antes de que mis padres se dieran cuenta de que se había roto. Lamentablemente, esa no fue la última vez que me escondí. Y los riesgos no hicieron más que aumentar, en términos de lo que yo podía romper.

LA HISTORIA DE ESCONDERSE

Esconderse del pecado no es nada nuevo. De hecho, se remonta al principio de todo, cuando Adán y Eva pecaron y se escondieron de Dios. Luego de que Dios creó los cielos y la tierra y todo lo que hay en ella, culminó su obra maestra con el broche de oro: la humanidad. Dios creó al hombre y a la mujer como portadores de su imagen para que cuidaran el Jardín y gozaran de la comunión inquebrantable con él (ver Génesis 1:26-27).

El relato de la Creación aporta un detalle importante sobre el primer hombre y la primera mujer: estaban desnudos y no tenían vergüenza (ver Génesis 2:25). No había necesidad de vestirse porque no había necesidad de tapar nada. No fue sino hasta Génesis 3 que el pecado entró en el mundo y trajo consigo la vergüenza. Después de que Adán y Eva se rebelaron contra Dios y comieron el fruto prohibido, sus ojos fueron abiertos a la desnudez de sus cuerpos y de sus almas (ver Génesis 3:6-7). Su primera tendencia fue cubrir lo que alguna vez había sido la creación perfecta de Dios, y esconderse.

Sin embargo, su endeble intento por esconderse fue en vano. Dios convocó a Adán y a Eva a salir de la oscuridad de su escondite y desenmascaró su temor, no con el propósito de avergonzarlos, sino para llamarlos a rendirse y liberarse. Él no los abandonó en su escondite, y tampoco nos deja a nosotras escondidas allí. Desde el principio, Dios ha llamado a su pueblo a que salga de su escondite para que vivan a la luz de su gracia. Nuestras luchas y fortalezas llegan hasta el Jardín... pero lo mismo sucede con nuestra *esperanza*.

Después de que Dios hizo salir de su escondite a Adán y a Eva, maldijo a la serpiente y proclamó el primer mensaje del evangelio: que un Salvador vendría para aplastar al enemigo (ver Génesis 3:15). Dios trajo la promesa de esperanza en respuesta al primer momento desfavorable de la historia humana. A medida que se desarrolla la narrativa bíblica, se revela el plan redentor de Dios (que en su totalidad nos señala a Jesús). La redención es lo que nos invita a salir de nuestros escondites; no una sola vez, sino como una actividad permanente.

Miles de años después, nació el Hijo de Dios, que había sido anunciado en Génesis 3:15. Cuando Jesús llegó, puso al mundo de cabeza y, al hacerlo, volvió a poner el lado correcto hacia arriba (ver Mateo 1:23; Romanos 5:6). Se sentó con los pecadores, predicó a los fariseos, amó a los humildes, tocó a los contaminados y sanó a los heridos. Vino lleno de amor y de verdad: el amor para vencer los efectos devastadores del pecado y de la vergüenza, y la verdad para triunfar sobre las mentiras del enemigo (ver Juan 1:17).

Pero ¿qué significa todo esto para nosotras hoy en día? ¿Qué significa para la niña escondida debajo de la cama, temerosa de meterse en problemas? ¿Para la adolescente agazapada en el piso, llorando y consumida por un trastorno alimenticio? ¿Para la mujer cuyo pasado la convenció de que está irreparablemente dañada? ¿Para una mamá que siente que nadie ve lo que hace fuera de escena?

¡La historia de la redención significa todo! Es tan significativa para nosotras en la actualidad como lo fue para las primeras personas que trataron de ocultar su quebranto. Cristo vino para salvar a los desesperanzados, a los heridos y a los contaminados. Por medio de su sangre derramada, él quita nuestro pecado y nos da nombres nuevos y nuevas identidades. Como dice Isaías 53:5 (NVI): «Gracias a sus heridas fuimos sanados». Este mensaje del evangelio no es solo una invitación para el día que fuimos salvas; es lo que necesitamos que nos prediquen al corazón en cada momento de nuestra vida.

EL POZO DE LA GRACIA

En el Nuevo Testamento, hay una mujer cuyo nombre no se menciona, pero cuya historia ha sido relatada durante siglos. Es conocida como la mujer samaritana, pero me gusta pensar en ella como una mujer reseca que se convirtió en una mujer cultivada en su Palabra después de encontrarse con Jesús en «el Pozo de la Gracia». Buscaba la satisfacción en los sitios equivocados, pero se había quedado sin esperanzas, sola y seguía en la búsqueda. Es como tú y como yo: dependiente, rota, escondida y con la necesidad de ser rescatada. Y he aquí lo asombroso: Jesús se encontró con ella en su vida común y corriente, y cambió el rumbo de su futuro.

En Juan 4 podemos ser espectadoras de este acontecimiento bastante inusual. Jesús, un hombre judío, conoce a una mujer de Samaria, junto a un pozo a la hora más calurosa del día. En esa época, era insólito que un hombre judío respetable conversara con una mujer oriunda de Samaria y con un pasado deshonroso. Pero Jesús vino a derribar las barreras culturales con la bola de demolición de la verdad del evangelio para mostrar el reino de Dios en la vida diaria. El apóstol Juan describe a Jesús diciendo que estaba «cansado» por la larga caminata, pero que «*tenía* que pasar por Samaria» (Juan 4:4, 6; énfasis añadido). En otras palabras, el encuentro de Jesús con esta mujer anónima no fue una casualidad; fue una cita divina.

«Dame un poco de agua para beber», le dijo Jesús (Juan 4:7).

Ella contestó como solía hacerlo: con excusas y mostrando su falta de autoestima. Con los ojos velados, habló con el Mesías esperado y casi se lo perdió. A veces, me pregunto cuántos momentos nos perdemos con Jesús por estar demasiado distraídas con nuestros propios defectos. Para empezar, dudamos de que Jesús querría encontrarse con nosotras. Pero aunque esta mujer no estaba buscándolo, él la encontró (justo donde ella lo necesitaba).

Jesús le dijo: «Si tan solo supieras el regalo que tiene Dios para ti y con quién estás hablando, tú me pedirías a mí, y yo te daría agua viva» (Juan 4:10). *Agua viva*. El agua que da vida al cuerpo exánime. El agua que renueva el alma para siempre. El agua que tiene poder para salvar. El Agua Viva que Jesús le ofreció a esta mujer en el pozo de la gracia era desconocida por su alma herida. Era exactamente lo que no sabía que necesitaba, pero que había pasado toda su vida buscando: la clase de esperanza, amor y paz que sacian y que únicamente pueden encontrarse en él.

NINGÚN POZO ES DEMASIADO PROFUNDO

La mujer responde a la invitación de Jesús con un planteo profundo pero práctico: «Pero señor, usted no tiene ni una soga ni un balde, y este pozo es muy profundo. ¿De dónde va a sacar esa agua viva?» (Juan 4:11). *El pozo es profundo*. Piensa en eso un momento. ¿Acaso nosotras no le decimos lo mismo a Jesús?

Jesús, mi pasado está demasiado manchado y complicado para que lo redimas.
Si supieras las cosas con las que he luchado, ya habrías perdido la esperanza conmigo.
Mi presente está lleno de problemas demasiado graves para que puedas atenderlos.
Estoy aterrada y angustiada por los interrogantes que tengo sobre el futuro.

Llegamos a Jesús con nuestras excusas y nuestras conjeturas de que él no puede redimir nuestra desolación. Pero Jesús sabe la verdad.

Ningún pozo es demasiado profundo para él.
Ningún pasado está demasiado dañado para él.
Ningún presente es demasiado inalcanzable para él.
Ningún futuro es demasiado incierto para él.
Ningún muro es demasiado alto para él.
Ninguna fortaleza es demasiado resistente para él.

Esta es la Buena Noticia del evangelio: ¡que él nos encuentra en nuestro quebranto y nos redime! Es lo que transforma una vida marchita en una vida cultivada en su Palabra. Esto es lo que Jesús vino a darle a la mujer samaritana, y es lo que vino a darnos también a nosotras.

Jesús dijo: «Cualquiera que beba de esta agua pronto volverá a tener sed, pero todos los que beban del agua que yo doy no tendrán sed jamás. Esa agua se convierte en un manantial que brota con frescura dentro de ellos y les da vida eterna» (Juan 4:13-14). Lo que el mundo ofrece es pasajero, pero lo que ofrece Jesús es eterno. Podemos emparchar nuestro quebranto con anécdotas sofisticadas, refranes y soluciones temporales, pero, en el fondo, el mensaje del evangelio es el que redime, revive y restaura.

Lo que sucede a continuación en la historia me deja boquiabierta. Jesús desafió a esta mujer a que saliera de su escondite. Cuando le dijo que llamara a su esposo, ella dijo que no tenía. En el pasado, había tenido cinco maridos, y el hombre con el que vivía no era su esposo (ver Juan 4:16-18). Jesús, siendo plenamente Dios, sabía todo esto y, aun así, le habló. Conocía todo esto y, sin embargo, la llamó. Sabía todo esto y, sin embargo, le ofreció el agua viva. Jesús le ofreció la bebida que la transformaría para toda la eternidad. Ella vino con su culpa y Cristo la recibió con su gracia.

TRAE TU VACÍO; RECIBE PLENITUD

La gracia nunca se agotará y no establece condiciones. Cuando Jesús invitó a esta mujer a que bebiera el Agua Viva, no le entregó una lista de cosas para hacer ni le dijo que empezara poniendo su vida en orden. No, la invitó a que trajera su vacío y recibiera su plenitud. Extendió su mano hacia el agujero fangoso en el que estaba y la levantó. La sacó del escondite y la llevó a la luz gloriosa de la gracia y de la libertad. Ese día, la vida reseca de la mujer fue transformada en una vida cultivada. Tengo la sensación de que nunca volvió a ser la misma.

Mi propia historia del «pozo de la gracia» comenzó cuando le entregué mi vida a Jesús en aquella iglesita en medio del desierto, pero todos los días sigo necesitando encontrarme con Jesús en el mismo pozo para beber hasta saciarme del evangelio de la gracia.

La verdad es que, en cierta manera, todas tenemos nuestros puntos de quiebre en el piso del baño cuando nos damos cuenta de que, aparte de Jesús, no tenemos nada. Estos momentos no son un obstáculo para Jesús; son oportunidades santas para llevar ante él nuestros cuencos vacíos para que puedan ser llenos de su más que asombrosa gracia.

La mujer cultivada en su Palabra no se desalienta por su vacío porque sabe que, en Jesús, encuentra todo lo que buscó durante tanto tiempo.

LA MUJER CULTIVADA

EN SU PALABRA ENCUENTRA

A JESÚS EN EL POZO

DE LA GRACIA

Y CANJEA SU VACÍO

POR LA PLENITUD DE ÉL.

CAPÍTULO 4

MORIR PARA VIVIR

¡No vale la pena vivir por lo que no vale la pena morir!

ELISABETH ELLIOT

La historia de una mujer sedienta

Se moría por vivir, anhelaba que los momentos efímeros de su vida importaran. Quería que su tiempo en este mundo tuviera algún sentido, que marcara una diferencia. Buscaba incansablemente en las revistas y recorría los blogs intentando descubrir cómo lograr que su vida valiera. Compró ropa de moda, se puso en forma y ahorró dinero para irse de vacaciones a lo grande. Tildó objetivos de su lista de pendientes y consiguió un empleo mejor... pero todo eso le dejaba una sensación de vacío. Aún no había aprendido que el camino de Jesús es lo opuesto a este mundo; que, para vivir de verdad, primero debía morir a sí misma. Estaba a punto de descubrir que la Cruz no es el camino a la muerte: es el camino a la vida.

ABRÍ LOS OJOS DE REPENTE, sobresaltada porque mi hermana me había despertado.

—Creo que llegó el momento, Gretchen —susurró ella cuando miramos la cama de hospital al otro lado de la habitación. Mi abuelo respiraba en forma estable; su cuerpo frágil yacía envuelto por varias mantas. Su aspecto físico no había cambiado demasiado desde la noche anterior, pero mi hermana percibía del Espíritu Santo que había poco tiempo.

Nos apuramos a buscar una enfermera y, en pocos minutos, su respiración comenzó a hacerse más lenta. Cada vez que respiraba, su pecho subía y bajaba con una cadencia regular, como si se acercara al final de una carrera larga y agotadora. La enfermera controló su oxígeno y su pulso y nos dijo que, probablemente, estaba cerca del fin, pero que podría seguir un poco más; se sabría con el tiempo. De alguna manera, supimos que ya era su hora y llamamos a nuestra familia para que viniera pronto.

Tomé las manos frías y huesudas del abuelo; las mismas manos que habían servido fielmente durante años, horneando pan para los miembros pobres de la iglesia, hojeando las Escrituras día tras día, escribiendo sermones llenos del Espíritu y atendiendo a su familia y a su esposa discapacitada. A medida que fue llegando el resto de la familia, cada miembro se turnó para besar su frente fría y arrugada. Mi mamá le acarició el cabello blanco descuidado. Él no dijo una palabra. Siguió respirando y ya.

Alguien empezó a cantar, como siempre hace mi familia. Cada persona fue sumándose, como en un coro tradicional. Con lágrimas que corrían por su rostro, mi mamá cantó una melodía que se elevó hasta el cielo.

Sublime gracia del Señor
Que a un infeliz salvó.

Nos unimos a ella y comenzamos a armonizar como si estuviéramos sentados en los bancos de la iglesia donde nuestro abu predicó alguna vez.

Fui ciego mas hoy veo yo.
Perdido y él me halló.

Inhaló despacito. Exhaló despacito.

Nos inclinamos más cerca de él y lo apretujamos más fuerte con la esperanza de que siguiera resistiendo. Mientras cantábamos los últimos versos de «Sublime gracia», uno de sus himnos favoritos, alguien empezó a cantar otro himno:

De mañana, al despertar,
de mañana, al despertar,
de mañana, al despertar,
dame a Cristo.

Una quietud santa llenó la habitación. Miré afuera por la ventana y vi el sol estirando sus rayos sobre el horizonte, como si estuviera despertándose en el momento en que mi abuelo empezaba a quedarse dormido en esta vida. Cantamos cada verso a pesar de nuestras lágrimas saladas. Era un domingo a la mañana y, por lo general, él hubiera estado despierto y con una taza de café fuerte en la mano, orando por el sermón que él había preparado para su iglesia. Cada día pasaba momentos en la mañana temprano en la calma presencia del Padre, y pareció apropiado que esta fuera la hora en la que sería llevado a la presencia de Jesús.

Y cuando solo estoy,
Y cuando solo estoy,
Y cuando solo estoy,
dame a Cristo.

La vida de abu estuvo llena de un dolor atroz y de un sufrimiento insuperable. Fue hijo de un padre violento y alcohólico; su hermano eligió la vida delictiva y, finalmente, murió en prisión. Siendo adolescente, el organista de la iglesia le dijo que nunca llegaría a ser nada. Sin embargo, y por la gracia de Dios, llegó a ser pastor y guio a muchos a la salvación en Cristo. Después de que abuelita quedó gravemente incapacitada por una artritis reumática y una infección que le hizo perder una pierna, él se convirtió en el principal cuidador de su esposa, además de ocuparse de su familia, administrar su casa y conducir la iglesia.

Su Biblia gastada, unida por una banda elástica estirada y por cinta adhesiva, era un testimonio de su viaje tumultuoso. Sin embargo, y a pesar de todo esto, su único deseo había sido Jesús. Hasta sus últimos días, cuando le quedaban escasas palabras y recuerdos por los efectos devastadores de la enfermedad de Alzheimer, seguía susurrando «Jesús» y oraba pidiendo que lo llevara a casa.

Al momento de morir,
al momento de morir,
y al momento de morir,
dame a Cristo.

El mundo pareció hacer una pausa cuando cantamos estas palabras que declaraban la oración más sincera de abu, mientras él daba su último suspiro. La petición «dame a Cristo» fue lo que él buscó cada día. Pero esa mañana llegó a conocer a Jesús de una manera que solo había soñado, cara a cara, en lo que yo imagino fue el abrazo más glorioso y jubiloso.

LA SEMILLA DEL EVANGELIO

Mucho antes de que mi abuelo muriera su muerte física, había muerto a su carne pecadora. Cuando Dios plantó la semilla del evangelio en su corazón de adolescente, él siguió a Jesús, se negó a sí mismo, aceptó su cruz y recibió la nueva vida. Sabía que para vivir plenamente, debemos morir a nuestra carne, una y otra vez.

Cuando yo tenía siete años y mi vida era apenas una semillita, Dios plantó la gloriosa simiente del evangelio en mi alma. Ese día, morí a mí misma y sigo muriendo a mí misma cada día. Pero no es ahí donde mi historia termina; es donde comienza.

Siempre he tratado de verme pulcra y armoniosa, como si tuviera las cosas bajo control. Pero si quitas las capas superficiales, verás una historia distinta. Crecí en la iglesia y nací en una familia de ministros. No recuerdo una sola vez que no haya estado al tanto de Jesús. Hice más estudios bíblicos de los que puedo contar, escuché miles de prédicas y leí largas listas de libros cristianos. Pese a mi conocimiento intelectual, lo que sé ha tardado años en filtrar hacia mi alma y arraigarse profundamente en mi mente.

Aunque seguía a Cristo, atravesaba penosamente mis profundas inseguridades con el temor a nunca ser suficiente. Procuraba hacerme de renombre por mí misma, aumentando mis propios logros y siendo la mejor en lo que me propusiera hacer. Pero no pasó mucho tiempo, hasta que me di cuenta de que hacer tantos esfuerzos en la vida solo me dejaba agotada, exhausta e insatisfecha.

A los veintiséis años, con cinco años de casada, un bebé y un nuevo ministerio para mujeres, estaba cayendo de cabeza por la senda de creer que a Jesús debía agregar metas, seguidores, oportunidades y dinero para completar mi vida. Entonces, tuve mi primer gran ataque de pánico. Esto marcó el comienzo de la enorme destrucción de la autosuficiencia de la que siempre me había enorgullecido.

Ese momento quedó grabado en mi mente. Estaba en un vuelo internacional con mi esposo y mi hijo de un año, yendo a un viaje misionero. Había tomado todo tipo de medidas para permanecer en un vuelo de nueve horas con un niño pequeño, pero mis planes se desbarataron cuando no logré reconfortar a Nolan y él no quiso dormir durante la mayor parte de la noche. La sensación de estar fuera de control se apoderó de cada centímetro de mi cuerpo. El mundo empezó a dar vueltas, mientras las oleadas de ansiedad corrían por mis venas.

En ese momento, no tenía idea de qué sucedía, pero estaba segura de que algo terrible estaba pasando. En los días, semanas y meses siguientes, el miedo se abrió camino en mi mente y empezó a dominar mi vida. Con los años, he ido experimentando una mejoría gradual, pero mi vida sigue desarrollándose en medio del desorden y, por fin, estoy dándome cuenta de que tenía que ser así.

Vivir para morir; morir para vivir. He hecho ambas cosas. Pero tan solo la segunda opción produce la vida verdadera y duradera.

Jesús vino al mundo a levantar polvo con nosotras y a plantar la semilla del evangelio en nuestra alma. Se ensució para que pudiéramos ser limpias. Murió para que pudiéramos vivir una vida abundante: la vida que él destinó para nosotras desde el principio.

Sé lo que es perseguir lo que el mundo define como la «vida buena» y no conseguir nada. Y sé lo que es seguir a Jesús y descubrir que él en realidad lo es todo. La vida cristiana se trata de morir y de vivir. Se trata de recibir el evangelio y de predicárnoslo a nosotras mismas y a los demás, una y otra vez.

Lilias Trotter, una misionera del siglo XIX en Argelia, dijo sabiamente: «La muerte pasa a ser un comienzo, más que un final, porque se convierte en el medio de liberar una vida nueva»[1]. Apartadas de Jesús, somos como una semillita que permanece latente en una repisa: inútil, sin vida y estancada. Pero, con Jesús, podemos ser plantadas en la tierra del evangelio para morir al pecado y a una misma, con el propósito de vivir abundantemente para él.

MORIR PARA VIVIR LA «VIDA BUENA»

Nos morimos por vivir; nos morimos por crecer, por prosperar, por aprovechar el gozo y experimentar el verdadero placer. Nos morimos por entender lo que en realidad importa y vivir plenamente. Pero, a menudo, malinterpretamos qué es en verdad la vida buena y terminamos desaprovechando el tiempo, las energías y los recursos por alcanzar lo efímero. Sin embargo, en la vida real, es cuando le entregamos todo a Dios que podemos vivir en plenitud y experimentar la vida que perdurará para siempre.

Incluso en la escuela primaria, sentía el deseo de vivir una vida plena. En mi raído diario de séptimo grado (el que tiene escrito «PRIVADO» sobre la cubierta), tildé mi lista de «Las principales cosas que hacer antes de morir», las cuales incluían (aunque no ordenadas por importancia):

Comer un *Twinkie*. (*Tilde*. Porque ¿quién no ha comido un *Twinkie*, verdad?).

Subir a un subibaja. (*Tilde*. No fue todo lo que soñé que sería; apenas un montón de subidas y bajadas).

Llorar de felicidad. (*Tilde, tilde, tilde*; demasiadas veces).

Comer una pizza entera. (Aunque parezca mentira, *tilde*: fue una de las de masa finita y crocante).

Caminar debajo de una cascada. (*Tilde*. Esto *sí* fue tal como soñé que sería).

Ordeñar una vaca. (Sigue pendiente. ¿Alguien tiene una granja que pueda ir a visitar?).

La lista continuaba durante páginas y más páginas, llenas de experiencias y sueños que deseaba que trajeran alegría y satisfacción a mi vida. En algún momento después de que anoté esta lista, una canción *country* llamada «Vive como si estuvieras muriendo» llegó a la cima de los *rankings* de éxitos musicales y fue escuchada por personas del mundo entero. La canción cuenta la historia de un hombre al que le diagnosticaron cáncer cuando tenía unos cuarenta años. Al descubrir que sus días estaban contados, decidió que «viviría como si estuviera muriéndose» y haría las cosas que siempre había querido hacer, como hacer paracaidismo, escalar montañas y amar más profundamente.

Desde que fue escrita, millones han cantado esta canción (¡y es posible que ahora mismo esté sonando en tu cabeza!). Si bien nos apunta en dirección hacia la verdad y sacude nuestra perspectiva temporal, se queda un poquito corta. La vida es algo más que tildar cosas de una lista de pendientes o fijar prioridades en nuestras relaciones. ¿Nos morimos por vivir la «buena vida» que ofrece el mundo? ¿O hemos acogido la «vida de Cristo» (la mejor vida, la cual solo es posible si morimos a nosotros mismos)?

Hay una historia mejor para contar. Se trata de la historia de la raza humana, la historia de un pueblo que tenía un problema mucho peor que el cáncer, una enfermedad llamada pecado. Esta historia es sobre ti, y sobre mí. Y encuentra sus raíces, una vez más, en el jardín de Edén.

Cuando Adán y Eva se rebelaron contra Dios, el pecado penetró en sus corazones y la muerte permeó sus cuerpos. La creación dejó de ser impecable y sin mancha. Sus corazones ya no fueron puros y sin tacha ante Dios. Ya no disfrutarían de una relación inquebrantable con su Hacedor y de una total satisfacción en sus almas. En un acto de rebeldía, todo cambió. Ya no vivimos para Dios, sino bajo el dominio del pecado.

El apóstol Pablo lo describió de esta manera:

> En otro tiempo ustedes estaban *muertos* en sus transgresiones y pecados, en los cuales andaban conforme a los poderes de este mundo. Se conducían según el que gobierna las tinieblas, según el espíritu que ahora ejerce su poder en los que viven en la desobediencia. En ese tiempo también todos nosotros vivíamos como ellos, *impulsados por nuestros deseos pecaminosos, siguiendo nuestra propia voluntad y nuestros propósitos*. Como los demás, éramos por naturaleza objeto de la ira de Dios.
>
> EFESIOS 2:1-3, NVI (ÉNFASIS AÑADIDO)

La palabra griega para *muertos*, *nekros*, describe a «quien ha respirado por última vez»[2]. Cada persona que nació después del jardín de Edén ha nacido espiritualmente muerta. Sin vida, a pesar de tener los pulmones llenos de aire. Todos nos morimos por aceptar la vida verdadera, pero seguimos viviendo en destrucción y en desesperación. La muerte es lo que merecemos, y es hacia la muerte eterna donde nos dirigimos si estamos apartados de Cristo (ver Romanos 3:23; 2 Tesalonicenses 1:9). Si Jesús no vive en y a través de nosotras, estamos sin vida.

LA HISTORIA DE LAS DOS SEMILLITAS

Todo empezó con una pequeña semilla. En Génesis 3, en aquel día fatídico que cambió el rumbo de la historia, la serpiente (también conocida como Satanás) se acercó a Eva y plantó en su mente una semilla de duda. Desafió lo que Dios había dicho y la manera en que Dios había diseñado el mundo. La serpiente sembró una duda sobre el carácter de Dios por medio de una pregunta cuidadosamente elaborada: «¿De veras Dios les dijo...?» (Génesis 3:1). Esa semilla de duda creció hasta convertirse en un acto de desobediencia.

Pero, en ese mismo momento, Dios plantó otra semilla. Prometió una nueva semilla que aplastaría a la serpiente: la semilla que sería el Salvador, Jesús.

El Nuevo Testamento comienza con una genealogía que entreteje como un tapiz la historia del Antiguo Testamento, para proclamar el evangelio de Jesucristo. El linaje registrado en Mateo 1 observa cuánto trabajó Dios en cada generación. Todo el tiempo estuvo tras bambalinas, labrando la tierra de los corazones humanos, preparando el terreno para que Cristo viniera. Y vino justo a tiempo, de una manera que nadie esperaba: por una virgen llamada María (ver Mateo 1:18).

Quizás, en la misma época en que la semilla de Cristo empezó a crecer en el vientre de María, otra semilla se desarrolló en la tierra. Con el tiempo, esta semilla se liberó de su envoltura; las raíces se lanzaron hacia abajo y brotaron en busca del sol. Creció y creció, recibiendo la luz y los nutrientes que necesitaba para elevarse alto y fuerte. La semilla llegó a ser un árbol: el árbol que se convertiría en un instrumento de la muerte. Este árbol sería cortado por manos humanas, que harían con él la cruz donde Jesús sería crucificado e interpretaría su papel único en la historia de la redención.

Mientras tanto, la semilla del Salvador del mundo siguió creciendo. Así es como las Escrituras describen a Jesús en su niñez: «Jesús crecía en sabiduría y en estatura, y en el favor de Dios y de toda la gente» (Lucas 2:52). Jesús creció hasta que le llegó el momento de morir condenado como un criminal, en una cruz, para rescatarnos de nuestros pecados. El inocente por los culpables. El intachable por los quebrantados.

Estas semillas, ambas plantadas por Dios, crecieron hasta su hora señalada para que les llegara la muerte. «Cuando éramos totalmente incapaces de salvarnos, Cristo vino en el momento preciso y murió por nosotros, pecadores» (Romanos 5:6). Una semilla se convirtió en un instrumento de muerte para que la semilla de la redención pudiera prosperar. El árbol murió para siempre cuando fue cortado para convertirse en una cruz, pero cuando Jesús murió en esa cruz, venció a la muerte de una vez y para siempre (ver 1 Corintios 15:55-57; Gálatas 3:13). Dominó el poder del pecado y de la muerte y arrancó de raíz la duda que el diablo había sembrado en el Jardín.

Esto cambia *todo.*

Tu vida también es una semilla. ¿Ha echado raíces el evangelio? ¿Hubo un momento en tu vida cuando dijiste que sí a seguir a Cristo... un momento en el que lloraste por tu pecado y adoraste a tu Salvador? Quizás, la semilla del evangelio se haya arraigado, pero hace tiempo que no recibe riego y tu fe está marchitándose. Quizás, sientes que la mala hierba y las preocupaciones son las únicas cosas que crecen en el suelo de tu vida. O tal vez estás en una época de florecimiento y de crecimiento, pero necesitas que te recuerden que la vida verdadera solo llega mediante la muerte.

Independientemente de dónde estés, el secreto de la abundancia es este: «Mi antiguo yo ha sido crucificado con Cristo. Ya no vivo yo, sino que Cristo vive en mí. Así que vivo en este cuerpo terrenal confiando en el Hijo de Dios, quien me amó y se entregó a sí mismo por mí» (Gálatas 2:20).

LA ENTRADA A LA VIDA

El seguir a Jesús lleva a nuestra propia crucifixión (la muerte de nuestra naturaleza pecadora), pero no termina allí. Es apenas el comienzo. Se dice que Amy Carmichael, una misionera en el sur de la India, describió el morir con estas palabras: «Vi que la oportunidad de morir, de ser crucificada con Cristo, no era algo morboso, sino la entrada a la Vida»[3]. Yo misma he experimentado la verdadera alegría que produce dejar de lado mis preferencias personales para poner a los demás antes que yo. Ver la maternidad, el ministerio, el matrimonio y los sucesos normales de la vida como una «oportunidad de morir» transforma los momentos de monotonía en momentos de deleite. Dios no nos creó para que nos sirviéramos a nosotras mismas, sino para que lo sirviéramos a él sirviendo a otros. Jesús nos muestra, mediante sus hechos, que la muerte es el camino a la Vida en él.

Dios suele demostrar sus verdades eternas a través de su creación, y una de estas verdades es que la muerte lleva a la vida. Fuera de mi ventana, las hojas color carmesí se dejan caer a la deriva, de sus ramas al suelo. Estas hojas coloridas que danzan en la brisa fresca están muriendo la muerte más hermosa, mientras se entregan a los ritmos de la naturaleza. A medida que se aproxima el invierno, los árboles van desnudándose y el suelo no produce ningún fruto. Pero durante el invierno aguardamos con esperanza, sabiendo que la primavera vendrá otra vez y que la vida nueva brotará en esas ramas infértiles. La vieja vida tiene que fallecer antes de que la nueva pueda comenzar.

El ciclo de la vida y la muerte en la naturaleza revela el secreto para prosperar: es por medio de la muerte que recibimos la verdadera vida. La muerte no es un retraso; es el camino que lleva a la vida. Aunque el ojo físico no puede ver qué sucede debajo de la superficie, la nueva vida está brotando.

Pero ¿qué significa en realidad esto en la práctica? ¿Por qué dejaríamos de lado nuestros derechos, en lugar de luchar por lo que merecemos? ¿Por qué elegiríamos desistir de lo que el mundo dice que nos hará felices para escuchar el llamado a ser felices en Cristo? Tan contracultural como es esta idea, es el secreto para la vida cristiana; la vida abundante, fructífera y libre. Quienes aceptan su cruz con alegría, rechazan su naturaleza y siguen a Jesús son quienes viven de verdad. Y esto sucede aun en los momentos más comunes y rutinarios de la vida.

Cuando hagas la cola del supermercado y alguien se meta delante tuyo a último momento, muere a ti misma. Respira hondo, entrégale tu tiempo a Cristo y ora por la persona que ahora está delante de ti.

Cuando te mires al espejo con desdén y tengas ganas de regodearte en la autocompasión, muere a ti misma. Mediante la gracia de Dios, recuerda que, aunque la naturaleza exterior vaya consumiéndose, el ser interior se renueva cada día (ver 2 Corintios 4:16). La apariencia exterior no es lo que más importa; es nuestro corazón lo que refleja la verdadera belleza (ver 1 Pedro 3:3-4).

Cuando tus hijos se despierten a la madrugada y no quieran dormir, muere a ti misma. Ámalos como Cristo te ama (ver Juan 13:34). Él nunca duerme y está ahí para escuchar tus ansiedades y serenar tu alma (ver Salmo 121:3-4).

Cuando cambies un millón de pañales sucios, muere a ti misma. Hazlo como un acto de adoración, un sacrificio vivo para Dios, quien envió a su Hijo, Jesús, para ser un exponente de cómo es una vida de adoración en lo cotidiano. La mayor parte del tiempo de Jesús en la tierra (aproximadamente, treinta años) no quedó registrado, pero esos años fueron tan importantes como los del ministerio. Nunca subestimes las pequeñas cosas (ver Zacarías 4:10).

Cuando tu marido no cuelgue su ropa y la deje arrugada en

el piso otra vez, muere a ti misma. Entrégale tus quejas a Dios, sabiendo que Cristo limpió el caos de tu pecado derramando su sangre (ver Filipenses 2:14).

Cuando tus sueños sean aplastados y tu vida parezca deprimente, muere a ti misma. Entrégale los pedazos rotos de tu corazón al único que puede arreglarlo y crear belleza de tu quebranto. Aun cuando un sueño parezca devastado, Dios puede estar levantando algo mejor para su gloria, sea parecido a lo que esperabas, o no.

Morir a una misma no significa dejar pasar la verdadera vida; significa aceptar la vida como fue destinada a ser: adorar a Dios, servir al prójimo y vivir para su gloria. Morir a una misma no es perder la propia personalidad; es descubrir quién estaba destinada a ser: una servidora, un sacrificio y una receptora de la gracia de Dios.

LA RESURRECCIÓN ESTÁ LLEGANDO

Para el cristiano, la muerte siempre termina en resurrección (ver Juan 11:25-26; 2 Corintios 5:14-15; 1 Pedro 1:3).

La resurrección de las almas muertas que revivieron.
La resurrección de los deseos que glorifican a Dios.
La resurrección de la adoración en los corazones desorientados.
La resurrección de la visión que conduce a una vida con propósito.

La vida de la mujer cultivada en su Palabra es la de morir para vivir. Morir a sí misma, al pecado y a la vergüenza, para vivir en Cristo. Morir al temor, a la preocupación y a la ambición personal; vivir en paz, con gozo y con propósito. Morir a este mundo; vivir para la eternidad. La canción góspel puede escucharse más alto en el caos y en lo rutinario, en la suciedad de la vida cotidiana. El Jardinero no desperdicia nada.

LA MUJER CULTIVADA
EN SU PALABRA ESTÁ PLANTADA
EN EL TERRENO DEL EVANGELIO
Y, COMO UNA SEMILLA
SEMBRADA EN LA TIERRA,
ACEPTA LA MUERTE
COMO UN MEDIO
PARA LA VIDA ABUNDANTE.

CAPÍTULO 5

RENUNCIA A LOS POZOS ROTOS

Como la mujer que estaba junto al pozo,
yo fui por agua, nada más A Cristo oí decir con gozo:
«Ven a mí, y sed jamás tendrás».

RICHARD BLANCHARD

La historia de una mujer sedienta

La oscuridad empezó a disminuir mientras el sol extendía sus rayos. Levantó su taza de café que decía «Dame a Jesús y café» y bebió la dosis matutina de cafeína que la ayudaría a despertarse. Los pájaros entonaban un canto nuevo y el comienzo del día le pareció perfecto al momento de abrir su Biblia para leer... hasta que su hijito se despertó temprano y de malhumor. Revisó su teléfono y vio un desalentador mensaje de una amiga. Luego, derramó el café y, de pronto, su día perfecto se descontroló. En lugar de poner la mirada en Jesús, se distrajo con lo que estaba ocurriendo a su alrededor, olvidando que solo Jesús podría ayudarla a sobrellevar las circunstancias inesperadas que aparecían en su camino.

DURANTE VARIOS AÑOS, conservamos en el armario de nuestra cocina una taza de café que tenía una rajadura. Cada vez que intentaba beber, filtraba un poco de café caliente. La guardamos mucho más tiempo del que deberíamos haberla tenido (probablemente, dos años más desde que apareció la rajadura). Sé que puede parecer una locura. Después de todo, ¿qué sentido tiene guardar una taza que no puede retener el líquido?

En mi defensa, debo decir que la taza tenía un valor sentimental. Para mi cumpleaños, mi esposo me había llevado a una clase de torneado de cerámica, y la taza me recordaba aquel día. Luego de un tiempo, la taza pasó a ocupar un lugar en el estante, y nunca me tomé el tiempo de tirarla. Pero un día se me ocurrió que la taza rota ocupaba el espacio donde podría estar una taza que no lo estuviera. Esa taza ya no servía para su propósito y ya no podría brindarme la bebida que saciaría mi sed.

Puede sonar absurdo, tratándose de una taza, pero ¿cuántas veces intentamos beber de pozos rotos para llenar nuestra alma? La verdad es que no siempre es fácil identificar qué nos satisface. Mi taza *parecía* tener la capacidad de contener una bebida caliente, pero chorreaba desde el momento que la llenaba y generaba insatisfacción… y bastante lío. De la misma manera que hacía yo con mi taza rajada, muchas veces nosotras tratamos de beber de cisternas que prometen felicidad, pero solo generan desesperanza.

CISTERNAS ROTAS, ALMAS ROTAS

Dominado por la esclavitud y la rebeldía, el pueblo de Dios estaba en un lugar de escarmiento. Su deambulación los había llevado al cautiverio en Babilonia, lejos de la tierra que Dios había conquistado para darles. Los israelitas eran propensos a dar vueltas, propensos a abandonar al Dios que amaban, como dice la letra del espléndido himno «Come, Thou Fount of Every Blessing» («Ven a mí, Fuente de toda bendición»). Habían abandonado a su Dios siguiendo las costumbres del mundo y se habían buscado ídolos inútiles que los rescataran, apartándose de sus decretos. Como niños entregados a sus caprichos en una bombonería, probaron los placeres del mundo y terminaron abandonados y enfermos; llenos y vacíos a la vez.

En el libro de Jeremías, el «profeta llorón» describe los pecados despreciables del pueblo de Dios y los increpa a que cambien la oscuridad por el arrepentimiento y la restauración. En los capítulos iniciales del libro de Jeremías, el profeta describe la maldad cometida por el pueblo de Dios:

> «¿Alguna vez una nación ha cambiado sus dioses por otros, aun cuando no son dioses en absoluto? ¡Sin embargo, mi pueblo ha cambiado a su glorioso Dios por ídolos inútiles! Los cielos están espantados ante semejante cosa y retroceden horrorizados y consternados —dice el SEÑOR—. Pues mi pueblo ha cometido dos maldades: *me ha abandonado a mí —la*

fuente de agua viva— y ha cavado para sí cisternas rotas ¡que jamás pueden retener el agua!».

JEREMÍAS 2:11-13 (ÉNFASIS AÑADIDO)

Puesto que la mayoría de nosotros abrimos el grifo y el agua fluye, es posible que se nos escape la importancia del paralelo que Jeremías está haciendo entre los pozos y las cisternas. El «agua viva» que Jeremías describió era el agua dulce que brota de un manantial, la mejor que uno puede beber. En un escalón inferior al agua viva estaba el agua de pozo, la cual era extraída del suelo. Por último, estaba el agua de cisterna, que simplemente era agua vertida que se recolectaba en un pozo excavado[1]. Esta «agua sucia» era la menos favorable, la menos deseable. Jeremías usó la imagen de una cisterna rota para describir los deseos rebeldes de los israelitas. Elegir el pecado de adorar a los ídolos es como beber de una cisterna rota, sucia y apestada; solo hace que el alma se enferme. Pero elegir a Cristo, la fuente de aguas vivientes, lleva a la salvación del alma.

CONFORMARSE CON EL BARRO

El Antiguo Testamento relata la historia de amor del pacto de Dios por su pueblo, de la constante rebeldía de ellos y del amor inalterable de Dios, que provoca que siempre los rescate. El libro de Jeremías se enmarca en el período del exilio en Babilonia, cuando el Templo fue destruido. El pueblo había abandonado a su Dios por las promesas vacías de este mundo.

Jeremías expuso sus dos pecados más grandes: (1) que habían abandonado a Dios, la fuente de las aguas vivientes, y (2) que habían excavado cisternas rotas que no podían retener ninguna clase de agua (ver Jeremías 2:11-13). La pregunta es: ¿cómo Israel abandonó al Señor?

A pesar de la fidelidad de Dios con su pueblo, generación tras generación (los liberó de la esclavitud en Egipto, les proveyó todo lo que necesitaban en el desierto y los condujo a la Tierra Prometida), eran cortos de vista y tenían poca memoria. Se olvidaron de su Dios y se apartaron de sus mandatos porque eligieron, en cambio, la idolatría, la rebelión sexual y los deseos nefastos (ver Números 25).

Eso puede sonar a un intercambio ridículo, pero ¿cuántas veces nos conformamos nosotras con el barro de las cisternas rotas? C. S. Lewis describe los débiles deseos del pueblo de Dios de esta manera: «Pareciera que el Señor no considera que nuestros deseos sean demasiado fuertes, sino demasiado débiles. Somos criaturas poco entusiastas que perdemos el tiempo en la bebida, el sexo y la ambición, mientras que se nos ofrece el gozo infinito; como un niño ignorante que quiere seguir haciendo pasteles de barro en una pocilga porque no puede imaginar qué significa que le ofrezcan unas vacaciones en la playa. Somos demasiado fáciles de complacer»[2].

No podemos experimentar la bendición de Dios mientras, en simultáneo, reincidimos en el pecado. Como si fuera arenas movedizas, el pecado nos hunde profundamente en la esclavitud. Dios había rescatado a los israelitas de la esclavitud en Egipto, pero ellos volvieron a meterse por voluntad propia en la esclavitud que escogieron. El pueblo excavó cisternas rotas para beber y, luego, se resbaló y cayó en ellas mientras cavaba.

¿CUÁL ES TU POZO VACÍO?

Beber de pozos rotos o vacíos es parte de la condición humana. La advertencia de Jeremías contra la idolatría puede parecer demasiado inverosímil en la actualidad, pero es mucho más factible de lo que podrías imaginar, tanto en el mundo como en tu alma. En Jeremías 17, la raíz del pecado de Judá tiene su origen en haber confiado en la gente y haber renegado de Dios (ver el versículo 5). El pueblo de Dios puso su esperanza en la riqueza, en el placer y en los dioses falsos. Así como yo trataba de usar la taza rota, ellos intentaban amar a Dios mientras, simultáneamente, amaban al mundo; una proeza imposible.

Dios establece otro contraste en Jeremías 17:7-8: «Benditos son los que confían en el SEÑOR y han hecho que el SEÑOR sea su esperanza y confianza. Son como árboles plantados junto a la ribera de un río con raíces que se hunden en las aguas. A esos árboles no les afecta el calor ni temen los largos meses de sequía. Sus hojas están siempre verdes y nunca dejan de producir fruto». Dios desea que seamos como estos árboles: plantadas junto al agua de vida, arraigadas en la verdad, creciendo en la gracia y floreciendo en la fe (ver Salmo 1:3). Pero para vivir como estos árboles, debemos abandonar las cisternas rotas o vacías que insistimos en cavar.

Pasamos gran parte de la vida tratando de forzar que los pozos vacíos nos provean. Así como no se puede lograr que una taza rota retenga el café, no se puede hacer que un ídolo rinda una alegría duradera. El comentarista F. B. Meyer explica: «¡Qué error infinito es perderse la fuente que brota gratuitamente para saciar la sed y hacerse una cisterna rota en la que hay decepción y desesperación!»[3]. Sin embargo, es lo que hacemos todos los días. Nuestros pozos vacíos pueden tener un aspecto distinto a los de la época de Jeremías, pero el resultado es la misma decepción.

La comodidad

A menudo pensamos que la comodidad traerá satisfacción espiritual, pero suele transformarse en autosuficiencia espiritual y llevarnos al callejón sin salida de la ineficacia espiritual. Es una espiral descendente creada por este mundo para hacernos ansiar lo pasajero y perdernos los momentos eternos del presente. A primera vista, la comodidad parece totalmente inocente: algunas camisetas suaves de algodón, los cubrecamas calentitos, las duchas calientes y los tazones llenos de helado (las cosas por las que me inclino cuando quiero estar cómoda). Ninguna de ellas es mala por naturaleza, pero cuando las deseamos más que vivir como seguidoras de Cristo con un renunciamiento temerario, se convierten en distracciones.

Cuando estamos incómodas en este mundo, el único y verdadero lugar de la comodidad definitiva está en Cristo. Cuando seguimos a Jesús, Dios nos llama a renunciar a las comodidades terrenales. Aceptar la cruz no es un esfuerzo cómodo (ver Lucas 9:23). La incomodidad nos desconecta del mundo y nos hace anhelar el gozo y la belleza del cielo, el abrazo amoroso de Cristo y la esperanza de la eternidad en la presencia de Dios.

Las comodidades de este mundo siempre nos fallan. Las casas más grandes, las camas más mullidas, la ropa más bonita y las cuentas bancarias colmadas nunca serán de verdadero consuelo cuando el dolor golpee y la vida entera nos rodee como un torbellino. Jesús vino y nos mostró el camino de la Cruz, que nos guía a la comodidad eterna. Aunque la cruz de Cristo no es cómoda, es reconfortante, y eso es lo que verdaderamente deseamos.

El éxito

Luego de que un bebé exhala su primera bocanada de aire, el personal médico del hospital comienza a registrar sus datos estadísticos: la longitud, el peso, la circunferencia de la cabeza, la prueba de Apgar. Cuando yo nací, después de un extenuante parto que culminó en cesárea, me registraron con un peso de cuatro kilos y ochocientos gramos, lo cual me convirtió en la bebé más grande del hospital. ¡Un éxito! Yo ni siquiera intentaba alcanzar ese trofeo, pero me lo dieron. Vivimos en una cultura estimulada por el éxito y eso nos lleva a procurar estadísticas impactantes junto a nuestro nombre y registrar logros en nuestro currículum.

Pero buscar la felicidad en el éxito es un pozo vacío, un ídolo que no puede facilitar la satisfacción que anhelamos. El «más» nunca es suficiente. El siguiente peldaño de la escalera solo lleva al próximo, y así sucesivamente. Nos esforzamos por los logros intentando demostrar cuánto valemos. Pero el cristiano nunca tuvo por propósito ser medido simplemente en números. La gracia no tiene en cuenta las estadísticas. Si lo hiciera, ninguno sería digno de seguir a Cristo. La única medida que importa a los ojos de Dios es el historial perfecto de Jesús, acreditado a nuestra cuenta (ver 2 Corintios 5:21).

Cuando miramos las Escrituras, es obvio que Dios no define el éxito de la misma manera que nosotras. Moisés mató a un hombre y desobedeció a Dios (ver Éxodo 2:11-22). Pero cuando leemos sobre su fe, vemos que su vida fue exitosa: «Consideró que el oprobio por causa del Mesías era una mayor riqueza que los tesoros de Egipto, porque tenía la mirada puesta en la recompensa» (Hebreos 11:26, NVI). Rahab era prostituta y parte de un pueblo que era enemigo de Israel (ver Josué 2). Sin embargo, Dios la usó para introducir al pueblo de Dios en la Tierra Prometida e, incluso, está mencionada en el linaje de Cristo (ver Mateo 1:5). David cometió adulterio y mató a un hombre tratando de encubrir su acto (ver 2 Samuel 11). Pero Dios lo eligió a pesar de sus faltas, y lo describió como un hombre conforme a su propio corazón (ver Hechos 13:22).

William Tyndale, el traductor del siglo XVI que dedicó su vida a traducir la Biblia al inglés, pagó por su pasión y se convirtió en un mártir[4]. Nunca vio el fruto de la obra de su vida. Aunque su existencia no habrá parecido muy exitosa en su momento, muchas personas llegaron a la vida eterna a través de su inquebrantable obediencia a Dios.

El verdadero éxito en el Reino está en la obediencia a Cristo, la cual mana de la fuente de Agua Viva. Está marcado por el arrepentimiento de todo corazón y por la dependencia de Dios (nada más y nada menos). Cualquier otro esfuerzo por tener éxito es un pozo vacío que nunca podrá satisfacer.

La apariencia física

Con sus manos deterioradas y sus brazos torcidos, asió la cuchara de plata para tomar su sopa favorita, la sopa cremosa de papas. Una sonrisa desgastada embellecía su rostro mientras disfrutaba del sabor reconfortante. Aunque, en general, la vida le había servido un plato amargo, ella seguía reteniendo lo bueno. Había estado orgullosa de su metro setenta y cinco de altura. Pero ahora estaría confinada a su silla de ruedas automática por el resto de sus días (que, a la larga, fueron cuarenta y cinco años sentada). Su aspecto físico era muy diferente a lo que fue en sus años jóvenes. Había perdido una pierna a causa de una infección y sus manos estaban casi irreconocibles como consecuencia de la artritis reumatoide. Según los parámetros del mundo, ella no podría ganar un concurso de belleza, pero para mí, era la mujer más hermosa del mundo.

Virginia Lee Pitt, o la abu, para mí, sumaba muchas penas en la vida (más que la persona promedio). Había sido despojada de casi todos los pozos vacíos de los que podría haber intentado beber. ¿La salud? Disminuía a medida que avanzaba su enfermedad. ¿La autonomía? Desaparecía conforme perdía la movilidad. ¿La apariencia física? A pesar de que el cuerpo le fallaba, su espíritu era cada vez más hermoso porque contemplaba a Cristo en medio de su sufrimiento.

Los pozos vacíos de la salud y de la belleza le fueron arrebatados, pero ella bebió hasta saciarse del Pozo que satisface: la Palabra de Dios. En lugar de retraerse en la amargura, el resentimiento y la autocompasión, dirigió sus ojos a Cristo. En la última página de su Biblia, garabateó esta cita de Robert Murray M'Cheyne. Fue una consigna que vivió de manera práctica cada día: «Por cada mirada hacia ti mismo, mira diez veces a Cristo». Su vida me enseñó que la verdadera belleza no proviene de unos dientes derechos, de la talla de un pantalón ni de la ropa de moda. La verdadera belleza irradia del corazón cautivado por Dios.

JESÚS MÁS ______________

«Jesús y algo más» se ha infiltrado en la cultura cristiana actual. No es necesario que navegues demasiado las redes sociales para encontrar una publicación, una camiseta, o una taza de café que diga: «Lo único que necesito es a Jesús y [café, vino, siestas, brillos, etcétera]». Desde luego, suele decirse de manera irónica, pero esta mentalidad implica un riesgo. Sin siquiera darnos cuenta, a menudo equiparamos al Dios del universo con su creación. En lugar de ver las cosas que él nos da como un instrumento que nos apunte a él, nos convencemos de la mentira de que necesitamos estas cosas para nuestra felicidad. Olvidamos que Jesús es suficiente y supremo, y que lo necesitamos tan solo a él para el gozo, la paz y el descanso verdadero de nuestra alma.

Puede que no digamos descaradamente: «Dame a Jesús más ____________», pero solemos practicar esta creencia con nuestros actos. No necesitamos un montón de Jesús y un poquito de café; *solo* necesitamos a Jesús. Alaba a Jesús por el café, pero no permitas que las cosas de este mundo reemplacen eso que únicamente él puede dar. El café o (llene el espacio en blanco) es una solución pasajera, pero Jesús es un tesoro eterno. Confiar en cualquier otra cosa que no sea Jesús, a la larga lleva a un caos y a un vacío sin fin; a las cisternas rotas y vacías.

La lista de cisternas rotas y de pozos vacíos de los cuales bebemos podría seguir y seguir. La perfección, la salud, las relaciones, los ascensos, los hogares y más. Así como Dios hizo que los israelitas dejaran los pozos vacíos, nos llama a nosotras a la fuente de Agua Viva. Hay una bendición para quienes beben de ese Pozo hasta saciarse. Como les recordó Jeremías a los israelitas: «Benditos son los que confían en el SEÑOR y han hecho que el SEÑOR sea su esperanza y confianza» (Jeremías 17:7).

¿Confías en «Jesús y algo más» para sentir satisfacción, o confías solo en Jesús? Dios puede redimir todos los pozos vacíos y llenar todas las cisternas rotas. Cualquier cosa que hayas buscado al margen del Salvador, Dios puede redimirla para su gloria.

LA FUENTE DEL AMOR DE DIOS

El entrañable himno que mencioné antes en este capítulo, «Ven a mí, Fuente de toda bendición», cantado en todo el mundo por ocupantes de asientos de iglesia como por fabricantes de cisternas, tiene una estrofa que cualquier ser humano puede cantar en voz alta y con sinceridad:

Propenso a desviarme, Señor, lo siento,
propenso a dejar al Dios que amo;
aquí está mi corazón, oh, tómalo y séllalo;
séllalo para tus atrios celestiales.

Robert Robinson, el autor de este himno poderoso, recurrió a muchas cisternas rotas a lo largo de su vida. Pasó muchos años de su juventud en total rebeldía y visitó a una vidente poco antes de arrepentirse y volverse a Cristo[5]. Aun después de ser quebrantado y reconstruido por el evangelio de la gracia, todavía era propenso a desviarse del Señor, como lo somos todos.

Quizás por eso es que la letra de este himno sigue resonando en nuestra alma hoy en día. Dios sigue redimiendo nuestros pozos vacíos, guiándonos al Pozo que nunca se seca.

Lo cierto es que, a veces, abandonarás al Señor. Seguirá presentándose la tentación de levantar la pala y ponerse a cavar pozos vacíos y cisternas rotas. Es posible que transites épocas de pecado y rebeldía que te conmocionen. Pero cuando vuelves a Cristo con arrepentimiento y confianza, y te plantes junto a la ribera de un río de agua viva una vez más, Dios es fiel para perdonar y restaurar. Como dice F. B. Meyer: «¡A tus pies, oh cavador agotado de cisternas, la fuente del amor de Dios fluye a través del canal del Hombre Divino! Inclínate para beberla»[6].

Inclínate hoy para beber. La fuente de la sangre de Cristo, derramada por ti, aún mana generosamente. Apártate de las cisternas rotas personales y recibe la misericordia de Dios, hecha posible a través de su Hijo, Jesús.

Jesús me buscó cuando era una extraña,
extraviada del redil de Dios;
él, para rescatarme del peligro,
me compró con su preciosa sangre.

LA MUJER CULTIVADA
EN SU PALABRA RECONOCE
QUE EL VERDADERO GOZO
NO PROVIENE DEL CAFÉ,
NI DE LAS VACACIONES,
LAS SIESTAS, EL ÉXITO
O LAS COMODIDADES.
SU GOZO PROVIENE
TAN SOLO DEL SEÑOR.

CAPÍTULO 6

EN CUALQUIER LUGAR, MENOS AQUÍ

Dondequiera que esté, esté presente con todo su ser.
Viva a fondo cada situación que reconozca como la voluntad de Dios.

JIM ELLIOT

La historia de una mujer sedienta

La vida no se parecía en absoluto a como la había planeado. ¿Qué fue del «felices para siempre» que había leído en los cuentos de hadas? El Príncipe Azul no aparecía por ningún lado, y el «castillo» parecía un apartamento temporario. Su empleo no tenía nada que ver con lo que soñaba, y siempre estaba en otro mundo, fantaseando con un lugar donde la vida fuera fácil. Quería estar en cualquier parte, menos aquí porque, seguramente, si estaba «allí», la vida sería gratificante. Lo que aún debía entender es que el césped no siempre es más verde del otro lado. En su anhelo por estar «allí», estaba pasando por alto el césped que crecía bajo sus pies.

«DIOS, LLÉVAME A *CUALQUIER LUGAR*, MENOS AQUÍ», clamé desde lo más profundo de mi corazón. La vida no se parecía a lo que había soñado. El empleo no era sofisticado, el matrimonio no era fácil y mis expectativas poco realistas generaban un caos en mi alma. Nos habíamos mudado a una nueva ciudad, pero echar nuevas raíces estaba costándonos mucho más de lo esperado. Greg y yo estábamos casados desde hacía pocos años y las responsabilidades de la vida habían empezado a parecernos demasiado difíciles de llevar. Habíamos terminado la fase de la luna de miel en la pareja y nuestros planes para el futuro seguían estando patas para arriba.

Habíamos atravesado el proceso de postularnos para ser misioneros fuera del país, pero Dios había cerrado la puerta y dejado muy en claro que debíamos quedarnos donde estábamos... que era exactamente donde no queríamos estar. Tratábamos de descifrar qué sería lo próximo en nuestra vida, pero el camino a seguir parecía confuso.

Aunque estaba acostada en mi cama cuando salieron a borbotones estas palabras sinceras, me sentía como si estuviera a oscuras, en el desierto, enredada en unos arbustos espinosos. Las dudas opacaban mi sensación de paz. El jardín de mi alma había sido rebasado por la desilusión de la vida, de la gente, de mí misma y de Dios. Una vez, había visto las flores creciendo a la vera del camino y me había regocijado ante la maravilla de semejante belleza. Pero ya no podía distinguir las flores de la maleza; todo parecía lo mismo. Ya no quería estar «aquí». Quería estará «allí», en un lugar de abundancia, libertad y prosperidad.

Para empezar, ¿por qué Dios me había traído aquí? ¿Para marchitarme? ¿Para sufrir? ¿Para que perdiera la alegría y lo que me apasionaba? Cuando surgió la oportunidad de que mi esposo y yo nos mudáramos a una misión en el extranjero, la paz se posó sobre mi alma. Estaba colmada por las expectativas de los buenos tiempos que vendrían por delante. Nunca imaginé que Dios nos plantaría en un lugar que parecía ser un jardín florido, pero que terminaría siendo un desierto árido y solitario. Desde que era pequeña, había soñado con ser misionera en otro país. Cuando Dios cerró esta puerta, me quedé confundida e insatisfecha. Para colmo, había intentado empezar una pequeña tienda por internet, que estaba resultando más un estorbo económico que una ayuda.

Más o menos en la misma época, recibí un mensaje de una íntima amiga quc vivía en un entorno desértico en el Sudeste Asiático, quien compartió conmigo un sentimiento similar. «Esto es mucho más difícil de lo que creí», me escribió. «Sé que Dios nos llamó a este lugar, pero me siento inquieta y espiritualmente seca».

Nuestras circunstancias eran distintas, pero el sentimiento era el mismo: desilusión en el alma. Ella pensó que cuando siguiera el llamado de Dios de mudarse a otro país y compartiera a Jesús con personas que no habían escuchado el evangelio, por fin, experimentaría el gozo y la plenitud que anhelaba.

En cambio, su vida diaria consistía en actividades tediosas, que eran casi imposibles por la falta de recursos y por los desafíos culturales que debía afrontar.

¿Por qué Dios la había traído aquí? «Aquí» alguna vez había sido su «allí». Pero, ahora que estaba aquí, quería estar en un «allí» diferente. Aunque estábamos en lados opuestos del planeta y enfrentábamos desafíos distintos, nuestra lucha era la misma: *hallar contentamiento en Cristo donde habíamos sido plantadas*. Ambas amábamos a Jesús y queríamos seguirlo a cualquier parte, pero nos esforzábamos por encontrar la alegría sobre la que estábamos paradas.

Sin importar quién seas, dónde estés o qué hagas en la actualidad, es probable que hayas orado de esta manera:

Dios, llévame a una ciudad nueva donde por fin pueda encontrar una comunidad y amistades.
Dios, envíame un marido que calme mi corazón dolido.
Dios, líbrame del dolor desgarrador de la infertilidad.
Dios, haz que este cáncer entre en remisión.
Dios, llévame a cualquier lugar, menos aquí.

He orado plegarias como estas más veces de las que podría contar. Mi «aquí» ha cambiado, pero el sentimiento no. La mayoría de las veces, encuentro algo que no me gusta del lugar donde Dios me plantó. En cierto modo, el jardín del patio de otro siempre se ve mejor que el que yo fui llamada a cuidar. Tal vez hay una sequía y mi alma se siente como una planta marchita. O, quizás, estoy rodeada por obstáculos (piedras, arena u otras plantas) y quiero librarme de la realidad en un mundo caído. «Aquí» nunca parece ser el lugar donde quiero estar. «Allí» siempre parece más atractivo.

«ALGÚN DÍA» NO TE PERTENECE

No es nuevo para nosotras desear algo distinto a lo que tenemos frente a nuestros ojos. Aun Adán y Eva no se conformaron con la creación perfecta en la que vivían ni con la comunicación abierta que tenían con Dios. Si los primeros seres humanos no se conformaron con la abundancia que Dios les había dado, no es extraño que nosotras luchemos por encontrar la satisfacción, el gozo y la paz allí donde estamos. También nosotras estamos tentadas a querer más de lo que Dios dignamente nos ha provisto. Tal vez, seamos tentadas por las comparaciones, la envidia o el desarrollo personal más que por un fruto literal, pero la tentación hacia el descontento sigue causando estragos en nuestra alma. El único antídoto para esta clase de descontento es reconocer que el «algún día» no nos pertenece.

Hace miles de años, Dios se le apareció a un hombre llamado Abram y lo llamó a dejar el país donde vivía para ir a un lugar nuevo, al hogar prometido que Dios proveería (ver Génesis 12). Dios también le prometió a Abram que llegaría a ser el padre de muchas naciones. El único inconveniente era que Abram no tenía hijos y que su esposa era estéril (ver Génesis 11:30). A pesar de la locura de este llamado, Abram dejó todo para irse a una tierra desconocida, con su esposa hermosa pero estéril.

Abram partió hacia la tierra de la promesa, pero primero tuvo que pasar por muchos «aquí». Cuando obedeció el llamado de Dios y salió, estoy segura de que no tenía idea de a dónde lo llevaría el viaje, de las tentaciones que encontraría en el camino ni de las vicisitudes que debería sortear antes de llegar. Serían veinticinco largos años de espera, de viajes y de dar vueltas, antes de que este hijo prometido naciera de él y de su esposa.

Dios no cumplió su promesa hasta que ambos fueron ancianos y los años fecundos de Saraí habían quedado atrás hacía mucho tiempo. A lo largo de su recorrido, Abram y Saraí (que luego recibieron los nuevos nombres de Abraham y Sara) fueron tentados a vivir para el «algún día» en el que se cumpliría la promesa de Dios, pero Dios siempre los hizo volver al presente. A veces, intentaron forzar que el plan de Dios sucediera según sus propios plazos (ver Génesis 16). Pero Dios estaba llamándolos a que fueran obedientes en cada momento, en el lugar donde habían sido plantados.

No nos corresponde comprender el «algún día»; eso le corresponde solo a Dios. El «aquí» es lo único que tenemos. Por eso, adoptemos ahora, durante la espera, el hacernos preguntas y el buscar. Es fácil mirar al pasado, contemplar la vida de Abraham y de Sara, y ver la belleza del panorama completo olvidando que ellos no tenían ni una pista de cuál sería el siguiente paso en determinado momento. Se esforzaron, cuestionaron y dudaron, pero Dios fue fiel. No siempre los liberó al instante porque cada paso los llevaba a donde tenían que estar. El lugar donde estamos ahora mismo siempre importa.

A TRAVÉS DE UN DESIERTO Y DE UN MAR

De los descendientes de Abraham y Sara surgieron más generaciones, las cuales nunca estuvieron satisfechas en realidad con la guianza de Dios. Con cadenas engrilletadas a sus tobillos de esclavos, clamaron a Dios para que los rescatara de sus opresores egipcios. «Quien oyó sus gemidos y se acordó del pacto que había hecho con Abraham, Isaac y Jacob. Miró desde lo alto a los hijos de Israel y supo que ya había llegado el momento de actuar» (Éxodo 2:24-25). Dios sabe todo sobre nuestras luchas, nuestra esclavitud, nuestros baluartes. Es un Dios que escucha, un Dios que ve y un Dios que libera.

Por medio de la conducción de un hombre inexperto que se llamaba Moisés, Dios les mandó diez plagas a los egipcios antes de que el faraón los liberara de su esclavitud. Luego de la décima plaga (la peor), el faraón dejó ir al pueblo de Dios, y Dios los hizo dar «un rodeo por el camino del desierto, hacia el mar Rojo» (Éxodo 13:18). Podría haberlos hecho tomar una ruta más corta, atravesando la tierra de los filisteos, pero los conocía muy bien. Conocía las debilidades del pueblo (que serían tentados a volver a la «seguridad» de la esclavitud si tenían que afrontar hostilidades), así que los llevó por el camino largo a través del desierto, rumbo a una gran masa de agua.

Para cuando los israelitas llegaron al mar Rojo, el faraón había cambiado de idea sobre poner en libertad a sus esclavos y salió a perseguirlos para volver a someterlos a su dominio. «El faraón iba acercándose. Cuando los israelitas se fijaron y vieron a los egipcios pisándoles los talones, sintieron mucho miedo y clamaron al SEÑOR. [...] "¿Acaso no había sepulcros en Egipto, que nos sacaste de allá para morir en el desierto?"» (Éxodo 14:10-11, NVI).

En otras palabras: «Dios, *¿por qué* nos trajiste aquí?».

¡Qué rápido perdemos de vista el plan mayor de Dios cuando se avecina un «mar Rojo» de dificultad y el desierto se extiende delante de nosotras! Nos sorprendemos deseando estar en otra parte, en lugar de prepararnos para el misterio y el milagro que está a punto de acontecer. Sé que muchas veces me perdí lo que Dios estaba haciendo en ese momento por mi deseo de saber qué venía a continuación.

Tal vez, te hayas sorprendido a ti misma clamando a Dios ante tu propio mar Rojo:

Dios, ¿por qué permitiste que mi amiga me traicionara?
Dios, ¿por qué nos hiciste mudar a un lugar donde mi marido terminaría perdiendo su empleo?
Dios, ¿por qué me enviaste a este país para hablar de ti a las personas, solo para que mi vida se volviera deprimente?

Dios, ¿por qué no conseguí el puesto laboral que merezco por el título que logré?
Dios, ¿por qué pusiste en mí este anhelo por una relación de pareja, tan solo para ver que no se cumple año tras año?

LA MISMA CANCIÓN, UN VERSO DISTINTO

Dios aún nos libera de la esclavitud, ya sea física, espiritual o mental. Todavía nos guía a través del desierto, al otro lado de la gloria, aunque sea por un camino más largo del que hubiéramos elegido. Todavía abre los mares que parecen imposibles de cruzar. Y aún nos da gracia y entendimiento cuando suplicamos: «Dios, llévame a cualquier parte, menos aquí».

Según el desarrollo de la historia, Dios separa las aguas del mar Rojo delante de los israelitas y los acompaña mientras lo atraviesan. «Entonces el pueblo de Israel cruzó por en medio del mar, caminando sobre tierra seca, con muros de agua a cada lado. Entonces los egipcios —con todos los carros de guerra y sus conductores, y con los caballos del faraón— persiguieron a los israelitas hasta el medio del mar» (Éxodo 14:22-23). Incluso cuando llegaron los egipcios, Dios hizo que se confundieran y entraran en pánico y, luego, causó que las aguas cayeran sobre ellos y los ahogaran.

Cuando los israelitas llegaron a salvo al otro lado, cantaron alabando al Señor por su salvación milagrosa: «Tú lo traerás y lo plantarás en tu propio monte, el lugar, oh SEÑOR, reservado para tu morada, el santuario, oh SEÑOR, que tus manos establecieron. ¡El SEÑOR reinará por siempre y para siempre!» (Éxodo 15:17-18). Dios los llevó de aquí hasta allí, y ellos agradecieron haber sido plantados en un lugar nuevo de libertad y de plenitud.

Pero este canto no duró mucho tiempo.

Muy pronto, apareció otro desierto. «Viajaron por este desierto durante tres días sin encontrar agua. [...] Entonces la gente se quejó y se puso en contra de Moisés. "¿Qué vamos a beber?", reclamaron» (Éxodo 15:22, 24). *¡Dios, llévanos a cualquier parte, menos aquí!*

PLANTA UN HUERTO AQUÍ MISMO

Podría continuar con una historia tras otra sobre la fiel liberación de Dios, documentada en la Biblia y en los testimonios de los creyentes de todo el mundo. Rara vez la vida (por no decir nunca) nos lleva exactamente a donde queremos ir, así que también podemos esperar idas y vueltas sobre la marcha. Habrá momentos en los que, simplemente, querremos huir de donde estamos para llegar a la siguiente temporada. Pero Dios nos llama a plantar un huerto exactamente donde estamos, ya sea en tierras salvajes, en el desierto o en medio de una tormenta.

El objetivo de Dios no es llevarnos de aquí para allá de la manera más fácil y posible. Él tiene el propósito de mostrarnos su bondad, su naturaleza y su plan más grande. En la mayoría de los casos, nuestro corazón terco aprende a renunciar al mundo y aferrarse al Reino únicamente a través del sufrimiento y de las pruebas (y estando en un lugar en el que nunca habríamos elegido estar).

Uno de los versículos que más suele citarse de la Biblia es Jeremías 29:11. Lo encontrarás exhibido en tazas de café, impreso en camisetas y colgado en las paredes. Esta promesa cargada con la dinamita de la esperanza, es una explosión de color y de luz para el alma que está atravesando un desierto. Si no empezaste ya a recitar este pasaje en su cabeza, el versículo dice: «Porque yo sé muy bien los planes que tengo para ustedes—afirma el SEÑOR—, planes de bienestar y no de calamidad, a fin de darles un futuro y una esperanza» (NVI). Si eres como yo, también sientes que la realidad choca contra la promesa de este versículo. Si los planes de Dios son verdaderamente para bien, ¿por qué parecen tan difíciles en este momento?

La triste realidad es que no siempre investigamos a fondo el contexto de esta promesa. Alguien me dijo una vez que leer las Escrituras sin su contexto es como tratar de pescar un pez vivo fuera del agua. No podemos ver la amplitud de la verdad sin apreciarla en su contexto apropiado.

La escena es la siguiente: los israelitas estaban exiliados de Jerusalén por el malvado rey Nabucodonosor. Habían sido arrancados de sus hogares y llevados a una tierra extranjera. Dios les habló a los sobrevivientes a través del profeta Jeremías, quien envió al pueblo esta carta escrita: «Esto dice el Señor de los Ejércitos Celestiales, Dios de Israel, a los cautivos que él desterró de Jerusalén a Babilonia: "Edifiquen casas y hagan planes para quedarse. Planten huertos y coman del fruto que produzcan"» (Jeremías 29:4-5). ¿La respuesta de Dios a su aprieto? Planten un huerto donde estén.

Cuando estoy en un lugar donde no quiero estar, no deseo echar raíces y, definitivamente, no quiero plantar un huerto. Los huertos demandan trabajo, tiempo y paciencia. Representan establecerse, entregarse y estar satisfecha (justamente lo opuesto a lo que sentirías en territorio enemigo). Estoy bastante segura de que los israelitas exiliados no se habrán sentido entusiasmados con esta instrucción. Dios estaba diciéndoles que se hicieran un hogar en un sitio donde nunca quisieron estar.

Ahora viene el pasaje que podemos colgar en la pared:

> Así dice el SEÑOR: «Cuando a Babilonia se le hayan cumplido los setenta años, yo los visitaré; y haré honor a mi promesa en favor de ustedes, y los haré volver a este lugar. Porque yo sé muy bien los planes que tengo para ustedes —afirma el SEÑOR—, planes de bienestar y no de calamidad, a fin de darles un futuro y una esperanza. Entonces ustedes me invocarán, y vendrán a suplicarme, y yo los escucharé. Me buscarán y me encontrarán cuando me busquen de todo corazón.
>
> JEREMÍAS 29:10-13 (NVI)

Dios puede tomar la Babilonia de tu vida y transformarla en un hermoso lugar de recuperación y restauración. Pero, primero, deberás plantar un huerto. Depone tus propios planes y propósitos a cambio de los de Dios, que son mucho más grandes que cualquier cosa que pudieras hacer aparecer en tu falta de visión humana.

La mujer cultivada en su Palabra no se escapa de las épocas ni de las situaciones desafiantes de la vida. En lugar de eso, planta huertos donde ha sido puesta, así como hicieron los israelitas durante el cautiverio en Babilonia. Al ensuciarse las manos y plantar un huerto donde nunca quiso estar, aprende a buscar a Dios y lo encuentra en el lugar donde nunca pensó que podría encontrarlo.

HOY ES EL DÍA

Cuando estaba en mi cama y le pedía a Dios que me llevara a cualquier parte, menos aquí, el Espíritu Santo irrumpió en mi corazón y me soltó del arbusto enmarañado del desaliento. La convicción me inundó, como si este pensamiento hubiera dado vueltas en mi mente: *Si no eres fiel aquí, ¿quién dice que serás fiel allí?*

Dios no nos ha llamado al mañana; nos ha confiado el día de *hoy*. Y hoy puede incluir el desierto, el mar Rojo o el exilio. Puede implicar una casa temporaria, un período en territorio enemigo o la situación que nunca hubieras elegido. Hoy es, también, un día para ser fiel, para plantar un huerto, para aferrarse a las promesas de Dios que ya han sido cumplidas en la sangre de Jesucristo.

Jim Elliot dijo una vez: «Dondequiera que esté, esté presente con todo su ser. Viva a fondo cada situación que reconozca como la voluntad de Dios»[1]. Que vivamos de esta manera, con raíces profundas en la tierra del ahora, ya sea que nos encontremos en el desierto, en un páramo o en el país de las maravillas.

LA MUJER CULTIVADA
EN SU PALABRA CONFÍA
EN LOS CAMINOS MISTERIOSOS
DE DIOS, SABIENDO QUE
ÉL TIENE UN PROPÓSITO
ALLÍ DONDE ESTÁ PLANTADA.

SEGUNDA PARTE

LA PALABRA

En el principio la Palabra ya existía. La Palabra estaba con Dios,
y la Palabra era Dios. El que es la Palabra
existía en el principio con Dios.
Dios creó todas las cosas por medio de él,
y nada fue creado sin él.

JUAN 1:1-3

JESÚS, LA PALABRA, la profunda punzada de necesidad que hay en nuestra alma. Todos tenemos un ansia que exige ser satisfecha y tratamos de llenarla con todo tipo de cosas inferiores. Pero solo la Palabra de Dios puede colmarnos, ahora y para la eternidad.

La Palabra de Dios es la fuente de la fortaleza y del sustento diario de la mujer cultivada en su Palabra. Ahora que está plantada en el evangelio y arraigada en la verdad de quién es Dios, crece en la fe en Jesús. La Palabra la transforma de adentro hacia afuera y alimenta su alma con los tesoros incalculables de sus promesas. Así como una planta crece absorbiendo el agua, los nutrientes y los rayos del sol, la mujer cultivada en su Palabra crece espiritualmente consumiendo firmemente la Palabra de Dios.

La Biblia es un tesoro lleno de sabiduría, un pozo inagotable de verdad y esperanza. Entretejida a lo largo de cada página, hay una historia llena de esperanza, de fe imperecedera y de amor infinito. Las palabras de Dios nunca fallan ni envejecen. De hecho, cuanto más las leas, más llegarás a amarlas y anhelarás vivir por ellas. Eso es lo bello de conocer a Dios a través de su Palabra: cada vez que recurres a él, él habla (ver Isaías 55:1-2; Hebreos 4:12).

La Biblia no solo brinda los cimientos para la vida; nos guía a vivir lo que sabemos que es cierto. Jesús es el Pozo del agua viva que satisface nuestra alma sedienta, así como es la Palabra que nos habla diariamente y que nos hace crecer a través de su gracia. La Palabra transforma nuestra mente, nos ayuda a llevar cautivos nuestros pensamientos y nos anima a vivir una vida que honra a Jesús.

A cada hora

Por la mañana, cuando despierto,
durante el día, cuando me siento cansada.
Por la tarde, cuando descanso,
y en los momentos que estoy inspirada.

En los momentos que soy débil
Y en los que me siento fuerte
en la calma y en el ajetreo,
en los días que parecen muy largos.

Cuando llega la creatividad
y cuando hay que hacer una intensa labor.
Cuando paro a descansar
y cuando simplemente vengo.

Cuando canto un nuevo canto,
Y cuando me arrodillo para orar,
hay una sola cosa en mí,
que me queda por decir.

Dame a Jesús a cada hora.
Dame a Jesús, Señor, y descubriré,
que cuando me deje llevar
en Cristo mi vida encontraré.

CAPÍTULO 7

LA PALABRA ANTES QUE EL MUNDO

Una Biblia que se desarma suele pertenecer a alguien que no está igual.

CHARLES SPURGEON

La historia de una mujer sedienta

En el momento que sus ojos se abrieron, tomó su teléfono y recorrió los titulares, exploró las redes sociales y revisó sus correos electrónicos. En un período de diez minutos, se encontró con una historia devastadora en las noticias, una publicación donde sus amigas estaban todas juntas sin ella y un correo de su jefe, hablándole de un error que ella había cometido. Quedó destruida. Había salido a la batalla sin ponerse la armadura y, antes de que comenzara el día, ya se sentía devastada. Contaba con el arma que necesitaba para conquistar el día (la Palabra de Dios), pero, en cambio, se había conformado con una vil imitación.

ASÍ ES COMO YO SOLÍA EMPEZAR EL DÍA: me despertaba, tomaba el teléfono celular (que estaba en mi mesita de luz) y, de inmediato, comenzaba el «recorrido diario». Incluso antes de que mis pies tocaran el piso, mi corazón ya estaba distraído, mi alma se sentía insatisfecha y mi mente, desanimada. El resto del día lo pasaba de mal humor, frustrada e incapaz de concentrarme.

Tony Reinke describe perfectamente la influencia de la tecnología: «Mi teléfono es una ventana a lo inútil y a lo valioso, a lo artificial y a lo auténtico»[1]. En sí misma, la tecnología no es buena ni mala. Cómo la usamos y qué consumimos de ella es lo que revela la verdadera intención de nuestro corazón y lo que encamina nuestra alma hacia la dirección correcta o incorrecta. Con un solo golpecito del dedo, podemos curiosear al interior de una ventana de lo «inútil» o de una ventana de lo «valioso», como señala Reinke. Lo valioso es lo que nos apunta a Jesús y, si bien es cierto que podemos encontrar palabras verdaderas en Internet, nunca pueden reemplazar a la mejor Palabra, la Palabra de Dios.

UN GOLPE DE REALIDAD PARA EL CORAZÓN

Al comienzo de cada año, tenemos esperanzas elevadas y enunciamos nuestras resoluciones. Pero, apenas pasan unos días, la mayoría de las personas nota cuánto más difícil es lograr sus resoluciones que ponerlas por escrito. No recuerdo cuántas resoluciones hice, solo para renunciar a ellas por falta de fuerza de voluntad, y volví a los viejos hábitos de los que intentaba escapar.

No me malinterpretes: las resoluciones no son malas; son un buen golpe de realidad para el corazón humano. Nos alientan a un objetivo más alto y nos dan la oportunidad de comenzar de nuevo. El problema no es tener resoluciones; el problema son las resoluciones que hacemos. La mayoría gira alrededor de objetivos temporarios como levantarnos más temprano, comer más sano, conseguir el empleo soñado, organizarnos, o ponernos en forma. Las resoluciones están destinadas a cambiarnos a nosotras, cambiar nuestro entorno y cambiar nuestra vida. Pero la mayoría de estos compromisos no llegan al centro de la cuestión: qué estamos mirando. Muy a menudo, nos enfocamos en la recompensa momentánea, en vez de hacerlo con un sentido eterno.

Harta de mis resoluciones frustradas, a fines del 2017 resolví tener tan solo *una* resolución: poner la Palabra antes que el mundo. Basta de resoluciones de hacer más actividad física, acostarme en un horario puntual, soltar el teléfono, o pasar momentos valiosos con mi esposo y mis hijos. El único y sencillo propósito de poner primero a Jesús. Esas tres simples palabras, «la Palabra primero», transformaron mi rutina diaria y mis objetivos.

Luego de varios meses observando este modelo implacable de permitir que las redes sociales dominen nuestro corazón, Greg y yo decidimos hacer un cambio. Creamos un «punto de carga» en la consola de nuestra sala de estar, donde enchufamos nuestros teléfonos durante la noche y no volvemos a sacarlos hasta la mañana. El objetivo de esta rutina diaria es poner nuestros teléfonos en el lugar apropiado, como describe Andy Crouch, y poner primero a Jesús[2].

Mientras leía la Palabra, comencé a hacer lo mismo con la expectativa, reconociendo que eran las auténticas palabras del Dios de la creación. El poner primero a Jesús en mis pensamientos me motivó a preguntar: *¿Qué ama Dios? ¿Y cómo puedo amar lo que él ama?* El poner la Palabra primero empezó a cambiar mi enfoque. En lugar de tratar de armar una plataforma virtual, empezaba a ver a los que tenía frente a mí. En lugar de tratar de ser famosa o de hacer «grandes cosas» para Dios, empecé a reconocer el gozo y la importancia de ser fiel en las pequeñas cosas.

Todavía hay días que reviso mi teléfono antes de pasar un rato con Jesús, pero puedo decir que Dios está obrando en mi corazón, mostrándome que él es el único que me satisface y que yo necesito sus palabras más que cualquier otra cosa. Dejar nuestros teléfonos en un mueble por la noche es solo una de las formas en que podemos decirle a nuestra alma: *Este teléfono no puede satisfacer nuestros deseos más profundos; Jesús es el único que puede*. Es una manera de separar lo que parece importante para recordarnos qué es importante de verdad: vivir la vida en la presencia de Dios y recibir el alimento que él nos da.

SETENTA RESOLUCIONES RESUMIDAS EN UNA

El 17 de agosto de 1723, a los 19 años, Jonathan Edwards, quien pronto sería el famoso predicador del avivamiento, escribió de puño y letra la última de las setenta resoluciones que había decidido en el transcurso de un año. Estas resoluciones guiaron sus decisiones y moldearon sus actos cotidianos con un objetivo: conocer a Cristo y darlo a conocer.

Antes de que Edwards escribiera un libro, que viajara por el mundo para compartir el evangelio y que ayudara a provocar el Gran Avivamiento, fue un muchachito ferviente y consciente de que en la vida hay mucho más que ir detrás de los placeres fugaces de este mundo[3]. Antes de que hiciera «grandes cosas» para Dios, decidió ser fiel en las pequeñas cosas. En lugar de preocuparse por su propia fama, su deseo fue hacer famoso el nombre de Dios.

La primera resolución de Edwards sirve como fundamento para todo el resto: «Resolví que haré todo lo que sea para la *máxima gloria de Dios*, y para mi propio bien, beneficio y placer, durante mi vida, sin nunca tomar en consideración el tiempo que eso exigirá de mí, sea ahora o por la eternidad. Resolví hacer cualquier cosa que considerara mi deber y aun más para el bien y el provecho de la humanidad en general. Resolví hacerlo, sin considerar cuántas o cuán grandes sean las dificultades que tenga que enfrentar»[4] (traducción libre, énfasis añadido).

Resolví... hacer lo que sea para la máxima gloria de Dios. Ahí la tienes: la resolución de todas las resoluciones. Antes de los veinte años, Jonathan Edwards estaba resuelto a poner en primer lugar a Dios en todo: en sus deseos y sus decisiones, en sus pensamientos y su tiempo, en su estudio y su hablar, en su reputación y sus relaciones, en lo que comía y bebía, en el sufrimiento y en el arrepentimiento.

Como recordatorio para su propia alma, escribió esta advertencia antes de la extensa lista de resoluciones: «Estando consciente de que no puedo hacer nada sin la ayuda de Dios, humildemente le suplico por su gracia que me permita mantener estas resoluciones, tanto como sean conformes a su voluntad, por causa de Cristo»[5]. Aquí es donde comenzó a establecer sus objetivos, y eso que estaba a años luz de las técnicas para fijarnos objetivos que intentamos y que dejamos de lado a mediados de enero.

El mundo dice: «Reúne tu propia fuerza y consíguelo». Edwards sabía que no prevalecemos por nuestro propio poder, sino por el poder de Dios (ver Filipenses 4:13).

El mundo dice: «Dentro de ti misma, tienes todo lo que necesitas». Edwards sabía que el éxito no viene de nuestra propia fuerza, sino de la fuerza y de la provisión del Señor (ver Zacarías 4:6).

El mundo dice: «Si te lo propones, todo es posible». Edwards sabía que con Dios todas las cosas son posibles (ver Mateo 19:26).

El mundo dice: «Sé la mejor versión de ti misma». Edwards

creía que Jesús debía crecer, pero él debía menguar (ver Juan 3:30).

El éxito verdadero comienza con la rendición total, sustituyendo la autodeterminación por la disciplina guiada por el Espíritu. Y el éxito verdadero se ve muy distinto a la definición del mundo.

HECHA PEDAZOS EN JERUSALÉN

El corazón de Edwards fue hecho pedazos por el Señor a sus diecinueve años, en la ciudad de Nueva York. Cuando yo tenía diecinueve, Dios destrozó mi corazón en otra ciudad bulliciosa: Jerusalén.

Surgió una oportunidad de ministrar a una escuela en Belén durante las vacaciones de primavera y, de inmediato, la aproveché. Oré por los fondos necesarios porque, como la mayoría de los estudiantes universitarios, no contaba con varios miles de dólares en mi cuenta bancaria. Una noche, entré en mi apartamento y, para mi sorpresa, encontré sobre mi escritorio una cantidad de dinero en efectivo en un sobre blanco. Esta suma, más las donaciones que había recibido de mis familiares y amigos, ascendía al monto total que necesitaba. Hasta el día de hoy, no sé quién dejó el sobre con dinero sobre mi escritorio, pero alabo a Dios por el sacrificio y la obediencia de esa persona.

En lugar de irme a casa o a la playa, tomé un avión hacia Tierra Santa con un grupo de personas a las que no conocía.

Antes del viaje, a cada miembro del grupo le asignaron un rol. De algún modo, terminé designada como líder de alabanza. Mis tareas incluían dirigir la alabanza de los niños de la escuela donde ministrábamos cada día y dirigir los cánticos grupales en cada lugar que visitábamos. Por favor, no piense que soy una cantante maravillosa, aunque alguna vez quise formar parte de una banda de chicas cristianas llamada *FHL* (por *Faith, Hope and Love*, en inglés: Fe, Esperanza y Amor), o de *Angelz in Flight*, y todavía me avergüenzo por esta última. Dios ha dejado en claro que la música no era el rumbo por el que me llevaba (gracias al cielo). Pero era una oportunidad para cantar alabanzas a Dios en su tierra escogida, y la aproveché.

Algo inesperado sucedió cada vez que dirigí la adoración: las palabras de las canciones cobraron vida en mi corazón y en mi mente como nunca antes había sucedido. Cuando caminamos por el río Jordán, cantamos «Danos manos limpias». Cuando nos sentamos en la cima del Monte de las Bienaventuranzas, cantamos «Dame a Cristo» y «Sé tú mi visión». En la Tumba del Huerto, cantamos «Jesús lo pagó todo» y «¡Oh cuán dulce!». Mientras caminábamos por los lugares donde Jesús había caminado, las letras ya no eran ideas abstractas; se cargaron de nuevas capas de profundidad y de significado.

Los servicios de alabanza para los niños se llevaban a cabo en un patio, donde solo el cielo que teníamos sobre nosotros hacía resonar nuestras voces. Tras las puertas, la gente iba de un lado a otro cumpliendo con sus quehaceres diarios; algunos se detenían a escuchar. Con entusiasmo y sin avergonzarnos, cantábamos:

Palabras antiguas, siempre verdaderas
cambiándome, y cambiándote a ti.
Hemos venido con el corazón abierto
Oh que las antiguas palabras impartan[6].

Había cruzado medio planeta para visitar el lugar donde Dios se encarnó, donde la Palabra de Dios se hizo hombre y vivió entre nosotros (ver Juan 1:14). Él vivió la vida que nosotras no podíamos vivir y murió la muerte que merecíamos, todo para que pudiéramos tener vida abundante en él. Aunque la Palabra de Dios es antigua, es tan aplicable y poderosa hoy como en el día que fue recibida y escrita. La Palabra de Dios nunca cambia, pero siempre nos cambia a nosotras.

EL ORIGINAL «LA PALABRA ANTES QUE EL MUNDO»

Jesús, la Palabra, vuelve al principio. Antes de que el mundo tal como lo conocemos ahora existiera (antes de la tierra, los animales, las criaturas marinas, las montañas, el sol, la luna, las estrellas y las personas) estaba Dios. «En el principio la Palabra ya existía. La Palabra estaba con Dios, y la Palabra era Dios. El que es la Palabra existía en el principio con Dios. Dios creó todas las cosas por medio de él y nada fue creado sin él» (Juan 1:1-3).

Antes de que alguien dijera la primera resolución de fin de

año, Dios hizo el mundo y lo hizo usando palabras. «Dios dijo: "Que haya luz"; y hubo luz. [...] Entonces Dios dijo: "Que haya un espacio entre las aguas, para separar las aguas de los cielos de las aguas de la tierra"» (Génesis 1:3, 6). Dios habló, y el mundo fue creado. El Evangelio de Juan nos pone al tanto de un nivel más profundo del proceso de la creación cuando identifica el rol de «la Palabra» al crear el mundo. La Palabra es Dios, y la Palabra está con Dios. Por medio de palabras, la Palabra creó el mundo.

¿Le da vueltas un poco la cabeza? La mía, también. El concepto de que la Palabra vino antes que el mundo es difícil de entender para nuestra mente finita. Juan sigue describiendo a Jesús: «Aquel que es la Palabra se hizo hombre y vivió entre nosotros. Y hemos visto su gloria, la gloria que recibió del Padre, por ser su Hijo único, abundante en amor y verdad» (Juan 1:14, DHH). La Palabra (Jesús) se hizo carne. El Creador se volvió como lo creado, como Emanuel, Dios con nosotros (ver Mateo 1:22-23).

La Palabra no se trata meramente de letras polvorientas en una página. La Palabra es la respiración misma de Dios (ver 2 Timoteo 3:16-17). La Palabra es una persona. La Palabra es Jesús.

EL ENIGMA DEL TIEMPO DEVOCIONAL

Probablemente, en algún momento hayas escuchado que deberías disponer de un «tiempo devocional» a diario. Si bien es meritorio apartar un tiempo de total devoción a Dios, esta frase nunca se menciona en la Biblia, y me temo que la idea ha limitado nuestro andar con Jesús y nuestra búsqueda de su Palabra. A menudo, suponemos que la única manera en que podemos pasar tiempo con Jesús es encendiendo una vela, sentarnos en un lugar tranquilo con música suave de fondo, rodeadas por comentarios, anotaciones, marcadores de colores y café. Todas esas cosas pueden ser buenas y útiles para estudiar la Biblia, pero no son lo más importante.

Los primeros discípulos no contaban con un ejemplar escrito de la Palabra de Dios en su mesita de luz. No tenían velas aromáticas ni resaltadores codificados por colores. Tenían las historias que les habían transmitido sus padres y sus abuelos sobre la fidelidad de Dios. Podían escuchar a Jesús, aprender de él y seguirlo. Amaban la Palabra, Jesús, y vivían la Palabra, ya que sabían qué era lo más importante: conocer a Dios y vivir a la luz de la eternidad, donde andarían junto a él.

El objetivo principal del tiempo devocional siempre debería ser conocer a Cristo y ponerlo en primer lugar. Si la frase «tiempo devocional» te impide buscar a Jesús en medio del caos de la vida cotidiana, considera un cambio de enfoque y piensa en «la Palabra antes que el mundo». Si te despiertas tarde y no llegas a pasar un rato en la Palabra a primera hora, no pienses que el día es un fracaso ni dejes la Biblia sin abrir. Hazte de unos minutos luego, durante el día, para pasar un tiempo con él. Si estás en la época en que los niños son pequeños y necesitan atención constante, deja la Biblia siempre abierta en un pasaje al que puedas recurrir en los momentos en que te sientas agobiada.

Encuéntrate con Jesús cuando haya mucho ruido. Encuéntrate con él en el silencio absoluto. Encuéntrate con él cuando estés sola. Encuéntrate con él en presencia de otras personas. La Palabra vino a este mundo gritón, ruidoso y caótico para traer la paz, la esperanza y la verdad vivificante. ¡Estoy segura de que él también estará contigo en tu caos enloquecido! La Palabra de Dios tiene pulso propio. Produce la libertad, el propósito y la alegría que palpita por tus venas.

Cuando ponemos la Palabra antes que el mundo, Jesús se convierte en el personaje principal de nuestra vida y nosotras asumimos un papel secundario. Esta historia se trata de él y de la gloria de Dios, y esa es ciertamente la mejor noticia para nuestro corazón cansado. Jonathan Edwards lo entendió cuando escribió sus setenta resoluciones. Él sabía que posiblemente no estaría a la altura de todas ellas, pero que, con cada intento fallido, Dios se manifestaría y demostraría su fuerza en medio de la debilidad humana.

«La Palabra antes que el mundo» es un cambio de mentalidad, no una tediosa lista de cosas pendientes. Cuando permitas que esta perspectiva moldee tus prioridades, decisiones y rutinas, ello transformará no solo lo que haces, sino también cómo lo haces. Seguir a Cristo es un camino de vida. La Palabra pone a la realidad en su lugar apropiado y guía nuestra mirada hacia lo más importante.

RESUELVO...

Búscalo en la quietud, por supuesto. Aparta momentos tranquilos para reflexionar, llevar tus anotaciones diarias y profundizar. Pero, por favor, ¡que eso no detenga tu búsqueda de Cristo! No tienes que dejar a Jesús una vez que cierres la Biblia a la mañana. Él va contigo (ver Mateo 28:20). Va delante de ti (ver Deuteronomio 31:8). Su presencia está disponible en todo momento del día (ver Salmo 16:11).

Mientras te cepillas los dientes, lavas la ropa, haces los mandados, revisas tus correos electrónicos y manejas tu carro, él está ahí. Cuando trabajas, interactúas con las personas que amas y enfrentas alegrías y desafíos, él está ahí. El tiempo que dedicas a la Palabra es tu combustible; la gasolina que hay en tu tanque espiritual para que puedas disfrutar su presencia y saborear su bondad todo el día.

Poner la Palabra antes que el mundo no es algo para ser tildado durante la mañana; más bien, es un modo de vida. Que tu resolución sea cultivar tu alma con la Palabra, cada día. Las palabras antiguas, que siempre son verdaderas, nos cambian constantemente. Por lo tanto, vayamos a él con el corazón abierto.

En este día, en esta hora, en este momento Jesús está contigo. Y su Palabra está viva.

En este mundo, donde siempre andamos,
las palabras antiguas nos guiarán a casa[7].

LA MUJER CULTIVADA

EN SU PALABRA ESTÁ DECIDIDA

A SUSTENTARSE DE

LA ÚNICA FUENTE

QUE SATISFACE DE VERDAD:

LA PALABRA DE DIOS.

CAPÍTULO 8

BROTAR DE LAS CENIZAS

Dame el amor que guíe mi camino,
La fe que nada puede desalentar,
La esperanza que ninguna desilusión agota,
La pasión que arde como el fuego;
No dejes que me hunda como un terrón:
Hazme tu combustible, Llama de Dios.

AMY CARMICHAEL

La historia de una mujer sedienta

Estaba agotada, deshecha y terminada. En algún momento del camino, su amor por Cristo se había enfriado. La rutina diaria y los ritmos tediosos le habían puesto anteojeras que la obligaban a hacer un gran esfuerzo para ver la belleza del evangelio que la rodeaba. Se sorprendió haciendo las cosas de su vida por inercia, sin pasión ni visión. El fuego de su corazón era apenas cenizas, y no podía recordar cuándo había sido la última vez que había disfrutado simplemente de estar en la presencia de Jesús. Extrañaba la plenitud del gozo que alguna vez había conocido. Necesitaba que Jesús encendiera en ella, de nuevo, la chispa de la vida.

ERA LA MAÑANA DE NAVIDAD y los aromas de los panqueques de mantequilla, el café recién preparado y la cazuela del desayuno recién retirada del horno flotaban en el aire. Mi familia entró corriendo a la cocina y se sentó a la mesa mientras oían la música navideña y el fuego iba apagándose en la chimenea. Nos reunimos alrededor de la mesa y yo reclamé mi asiento preferido: el que daba al ventanal que tenía vista a nuestro patio trasero.

Mientras empezábamos a comer y servía salsa en la cazuela de salchichas y huevo, y mojaba los panqueques en almíbar caliente, algo peculiar me llamó la atención afuera de la ventana.

—¡Los bomberos! —fue lo único que pude decir y me quedé mirando fijo, con los ojos bien abiertos, la manguera blanca que arrastraban al interior de nuestro jardín los bomberos vestidos de amarillo.

Salimos corriendo para averiguar qué sucedía y entonces descubrimos que la cerca estaba quemándose. Antes del desayuno, papá había quitado paladas de cenizas de la chimenea, las había llevado a un rincón de nuestro patio y las había dejado allí. Al parecer, las cenizas aún estaban lo suficientemente calientes como para encender una llama en el arbusto seco. Mientras nosotros disfrutábamos nuestro desayuno caliente, los vecinos llamaban frenéticamente al 911 porque su cerca se había prendido fuego misteriosamente.

En instantes, las llamas fueron extinguidas y mi papá y mi

hermana trabajaron para reparar la cerca carbonizada. La Navidad siguió como de costumbre, pero con el vívido recuerdo grabado a fuego en nuestras mentes.

Aunque este pequeño incendio en nuestro jardín causó un momento de pánico, en realidad, el fuego puede ser algo bueno cuando se trata del crecimiento de la naturaleza. Los incendios forestales contenidos eliminan árboles y plantas en descomposición, lo cual permite un crecimiento nuevo y sustancioso. Los incendios arrasan la flora muerta para lograr que entren los rayos del sol y liberen la nueva vida que hay abajo. Las cenizas se transforman en nutrientes necesarios, los cuales alimentan el crecimiento de la vegetación nueva. Mientras que nuestro pequeño incendio fue un accidente, un incendio forestal intencionado y contenido incentiva la vida de la planta, eliminando lo perjudicial para favorecer el nuevo crecimiento[1]. En otras palabras, las cenizas no tienen que ser el fin de nuestra historia; en realidad, pueden ser la señal de un nuevo comienzo.

En nuestra vida, Dios usa el fuego de la prueba y de las tribulaciones para refinar nuestra alma y producir un crecimiento espiritual nuevo y sano. Arrasa con todo deseo innecesario e improductivo y usa las cenizas para encender ritmos sanos que remuevan nuestro amor por él. Nuestras dificultades fuertes no tienen el propósito de destruirnos, sino de desarrollar nuestra fe.

Cuando sientas que tu alma está en cenizas, busca con esperanza el crecimiento que Dios producirá.

PERDÍ LA ALEGRÍA

En algún punto del camino, me convertí en esa pila de cenizas, con la salvedad de que me había enfriado tanto que no podía encender a nadie. Estaba totalmente agotada y tan solo tenía veintiséis años. En la época que debería haber estado prosperando, languidecía, en el mejor de los casos.

Durante mi juventud, brillé alegremente para Jesús. Sin importar qué pasara, estaba decidida a que «esta lucecita mía» brillara para que todos la vieran. A medida que las responsabilidades, las presiones y las realidades de la vida se acumulaban, fui cansándome y desgastándome. Servía a Jesús superando mi capacidad, diciéndole sí a muchas cosas *buenas*, pero me perdía lo *mejor*: la relación profunda con él. Y, sobre la marcha, perdí la alegría.

Es posible estar ocupada haciendo cosas buenas para Jesús, sin estar con él en realidad.

En la ciudad de Betania, cerca de Jerusalén, Jesús se detuvo para visitar a dos hermanas. María se sentó a los pies de Jesús para escucharlo atentamente mientras enseñaba. Marta, por otra parte, se cargó de ansiedad, procurando hacer muchas cosas para Jesús, sin disfrutar en realidad su presencia. Perdió la alegría en medio del ajetreo que se impuso a sí misma. Pero Jesús, en su gracia, la hizo volver a lo más importante: «Marta, Marta [...], estás inquieta y preocupada por muchas cosas, pero solo una es necesaria. María ha escogido la mejor, y nadie se la quitará» (Lucas 10:41-42, NVI).

Jesús sopló una mejor invitación sobre el fuego de su alma,

exhortándola a dejar de lado sus preocupaciones y elegir la adoración. Así como las cenizas salen volando fácilmente y son desparramadas por una ráfaga de viento, el viento alimenta al fuego, que se extiende aún más descontroladamente. El corazón de Marta había quedado reducido solo a cenizas, ya que anteponía el servicio a su Salvador, mientras que el corazón de María ardía espléndidamente, acurrucada a los pies de su Salvador. Podemos encontrar nuestra alegría solo cuando regresamos a la fuente misma de la alegría.

Cuando pensamos en Marta solemos suponer que su historia terminó allí. Escuchamos hablar de la pobre Marta, que se perdió a Jesús, y solemos sentirnos como ella: reprendida, desalentada y exhausta. Queremos ser más como María, pero nuestra mentalidad «autoexigente» nos mantiene demasiado ocupadas para desacelerarnos. Sin embargo, el sentido de esta historia no es parecernos más a María y menos a Marta. El objetivo es ser más como Jesús, elegir lo mejor en esta vida y olvidarnos de todo lo que atenúa nuestro amor por él.

CAMBIO DE ROLES

Luego, cuando el hermano de Marta y de María, Lázaro, padecía una enfermedad mortal, las hermanas mandaron a llamar a Jesús. Jesús respondió: «La enfermedad de Lázaro no acabará en muerte. Al contrario, sucedió para la gloria de Dios, a fin de que el Hijo de Dios reciba gloria como resultado» (Juan 11:4). Dios sería glorificado, a pesar del sufrimiento de ellas.

El pasaje continúa diciendo: « Jesús amaba a Marta, a María y a Lázaro» (Juan 11:5, NVI).

Marta, la que Jesús amaba.

María, la que Jesús amaba.

Lázaro, el que Jesús amaba.

Y tú, a quien Jesús ama.

Al igual que Marta, tu sentirás el agotamiento. Atravesarás una pena devastadora. Se te presentará la tentación de elegir tu lista de cosas pendientes, antes que sentarte a los pies de Jesús. Tendrás momentos en que la ansiedad colmará tu alma y arrasará con tu paz. Pero incluso cuando el fuego de tu corazón se convierta en cenizas por decirle que sí a demasiadas cosas, el amor de Jesús volverá a encender tu alegría. Aun en la muerte puede haber nueva vida.

Lázaro murió mientras Jesús estaba lejos. Cuando él llegó a Betania, Marta salió a encontrarse con él, en tanto que María se quedó en la casa, una inversión de sus roles anteriores. Marta volvió a su Salvador cuando no había nadie más a quién recurrir. Cuando el fuego de su corazón se había reducido de nuevo a cenizas, escuchó que Jesús decía a su espíritu esta verdad encendida: «Yo soy la resurrección y la vida. El que cree en mí vivirá aun después de haber muerto. Todo el que vive en mí y cree en mí jamás morirá. ¿Lo crees, Marta?» (Juan 11:25-26).

Me cuesta imaginar el momento posterior a la afirmación de Jesús. ¿Hubo una larga pausa? ¿Marta se quedó con la mirada fija en sus pies un minuto, preguntándose cómo contestar? ¿O respondió de inmediato? No lo sabemos, pero sí sabemos que dijo: «Sí, Señor. [...] Siempre he creído que tú eres el Mesías, el hijo de Dios, el que ha venido de Dios al mundo» (Juan 11:27).

A continuación, Jesús mandó a llamar a María. Ella vino llorando y cayó a sus pies. Jesús, profundamente conmovido, lloró con ella (ver Juan 11:35). El Hijo perfecto de Dios lloró por la muerte de su amigo. Lloró porque esta mujer había perdido la alegría. Lloró por el quebranto de este mundo. Lloró aun sabiendo que resucitaría a Lázaro. Lloró, emocionado por un amor inquebrantable.

Cuando Marta dudó en abrir la tumba, Jesús le dijo: «¿No te dije que si crees, verás la Gloria de Dios?» (Juan 11:40). Luego, dio gracias a su Padre, y el hombre muerto salió tan vivo como siempre.

DESPIERTA SU AMOR

La verdad es que, cualquier día, puedo ser María, tanto como Marta. Hay días que las brasas de mi corazón están encendidas y prefiero sentarme con Jesús, antes que hacer otras cosas. Luego, hay días que siento que mi fe está casi apagada.

Hace muchos años, durante una época en la que mi corazón era poco más que cenizas, escuché un mensaje del pastor Matt Chandler, en el cual planteó esta pregunta: «¿Qué despierta y realza su amor por Jesús?»[2]. Nunca había pensado que mi andar con Dios o mis sentimientos hacia él necesitaran ser «despertados» o «realzados». En la vida, siempre hice de tripas corazón, pero no estaba haciendo activamente todo lo posible por mantener encendido mi amor por Jesús. Durante las semanas que siguieron, mientras meditaba en estas preguntas y escribía mis respuestas, me sorprendió ver los temas que afloraron.

La brisa suave, un atardecer de acuarelas, las carcajadas de mi bebé, una canción de adoración mientras lavaba los platos; todas eran cosas que me recordaban la gracia de Dios en mi vida cotidiana. Estar despierta antes del amanecer con una taza de café recién hecho en la mano, hacer una pausa en medio del día para reflexionar en las Escrituras, disfrutar de una conversación profunda con una amiga, adorar en la iglesia, leer un buen libro; todo esto me conducía al gozo de conocer a Dios y de que él me conozca y me ame.

Comencé a ver la gloria de Dios en todo, incluso en las cosas pequeñas y en las difíciles. La alegría de darme cuenta de ello desbordó en cada área de la vida. Aprendí que no tenía que vivir en modo de defensa. Podía proteger voluntariamente mi amor por Cristo, como nunca antes.

Hay una cosa que el enemigo no puede arrebatar: tu amor por Jesús. De todo lo demás puede despojarte, pero nada puede tocar el corazón que está firme en Jesús. Satanás puede apuntar hacia tu salud, tus bienes materiales, tu posición, tus relaciones y tu bienestar, pero no puede afectar tu gozo, tu paz, tu devoción ni el fuego por Cristo que arde en tu alma (ver Juan 10:10-12).

Así como Jesús invitó a Marta a acercarse a su corazón y

la urgió a buscar y a disfrutar de lo que es importante para la eternidad, hoy nos llama a hacer lo mismo.

PRACTICA LA PRESENCIA DE DIOS

Con las manos cubiertas de harina y callos por el trabajo, el Hermano Lawrence hacía alegremente un pastel en la cocina del monasterio, todo para la gloria de Dios. Según sus propias palabras:

> Podemos hacer *pequeñas* cosas por Dios; puedo dar vuelta el pastel que está friéndose en la olla por amor a él y, habiendo hecho eso, si ninguna otra cosa me requiere, me postro en adoración ante él, quien me dio la gracia de trabajar. Luego, me pongo de pie más feliz que un rey. Me basta con recoger algo tan simple como una paja del suelo por amor a Dios[3].

La cocina no es precisamente el sitio donde yo esperaría encontrarme con Dios, pero era ese el lugar donde el Hermano Lawrence pasaba la mayor parte de su tiempo y aprendió a disfrutar la presencia de Dios aun cuando restregaba platos sucios, rebanaba verduras y horneaba pasteles.

Antes de que recibiera el nombre de Hermano Lawrence y que viviera en un monasterio como cocinero, era conocido como Nicolás Herman, un campesino nacido en Francia en el siglo XVII. Su primer aprendizaje práctico sobre la presencia de

Dios llegó un día cuando se quedó mirando un árbol muerto a mediados del invierno, a la espera de los días en que fructificaría y estaría verde otra vez. En ese momento, Dios le mostró que su vida era exactamente como ese árbol: infértil, improductiva, deshojada. Era únicamente a través de Cristo que Nicolás Herman encontraría la verdadera vida que ansiaba: plena, fructífera, imperecedera[4]. Dios usó este momento trivial de claridad para despertar su amor. Con el tiempo, esta epifanía lo llevó a entrar en un monasterio en París, donde vivió para servir por el resto de sus años, practicando la presencia de Dios mientras hacía la comida para otros.

Practicar la presencia de Dios es estar conscientes de su presencia dondequiera que vayamos. Él siempre está con nosotras, siempre nos recibe de buena manera para que nos deleitemos en él. Ya sea que estemos cambiando pañales sucios, ingresando números en una hoja de cálculos, fregando inodoros, cargándole combustible al carro, lavando los platos o con la cabeza en la almohada por la noche, su presencia está con nosotras (ver Deuteronomio 31:6; Mateo 28:20). Jesús no nos llama a huir de las obligaciones rutinarias de la vida; nos llama a aceptarlas para su gloria (ver 1 Corintios 10:31).

REAVIVA LA LLAMA

Identificar qué despierta nuestro amor por Cristo es el punto de partida, pero además tenemos que saber qué hacer cuando las brasas de nuestro corazón están a punto de convertirse en cenizas. Matt Chandler continúa su explicación: «El mayor enemigo que tiene nuestro amor suele ser algo moralmente neutral»[5]. Los enemigos del alma no siempre son los pecados importantes y obvios; a menudo, son las distracciones de este mundo.

Dormimos cinco minutos más (que pronto se convierten en treinta) y eso causa que la mañana sea acelerada y caótica. Hacemos clic en el botón de «comprar» cosas que en realidad no necesitamos, y el exceso de posesiones termina desanimándonos. Recorremos las redes sociales más tiempo del que estamos dispuestas a admitir y terminamos sintiendo envidia y descontento. A veces, las distracciones no son externas; vienen de nuestro propio corazón. Albergamos rencores contra otro creyente, murmuramos contra nuestra compañera de apartamento porque es desordenada, o nos resentimos con Dios porque no nos da lo que creemos merecer. Estas distracciones pronto pueden alejar a nuestro corazón de Cristo.

En Apocalipsis, el apóstol Juan escribió cartas para siete iglesias. A los creyentes de la primera de ellas, Laodicea, les advirtió que no dejaran que su fe se desvaneciera ni se volviera tibia. A la iglesia de Éfeso le transmitió estas palabras de Jesús: «Tengo en tu contra que has abandonado tu primer amor» (Apocalipsis 2:4, NVI). El pecado nos separa del calor del amor de Dios, pero el arrepentimiento, el giro de ciento ochenta grados del alma, nos lleva de regreso al hogar donde lo conocemos y somos amadas por él.

A veces, necesitamos la ayuda de otros creyentes que enciendan de nuevo la llama. Cuando siento que mi fe está débil, abro la vieja Biblia de mi abuelo y me quedo mirando las manchas, las notas y las oraciones. Hojeo las páginas que él leía detenidamente y sobre las que oraba, solo para recordar que Dios es un Dios activo, que es fiel a cada generación (ver Salmo 119:90). Mientras recorro las páginas, recuerdo la innumerable cantidad de ejemplos de quienes me precedieron y conocieron a Dios aun con sus fuerzas imperfectas. Luego, encuentro a Jesús de nuevo, el único que es nuestra estabilidad en esta vida inestable. No fuimos hechos para caminar solos; fuimos hechos para prosperar en comunidad y en la comunión de la Palabra.

Cuando tu fe esté debilitada, recuerda qué hizo Dios. Lee un libro escrito hace muchos años sobre otro seguidor de Cristo que encontró fuerzas en Jesús en la vida cotidiana. Escribe un diario, para que puedas volver al pasado y recordar la fidelidad de Dios. Pídele a otros creyentes que oren y que ejerzan fe por ti en medio de tus pruebas. Recuerda lo que *sabes*, y deja que eso gobierne tus *sentimientos*.

SIÉNTATE JUNTO AL FUEGO DE LA MEDITACIÓN

La otra noche, mi esposo encendió la chimenea. En el Sur, no solemos tener temperaturas tan bajas como para usar el hogar a leña; así que, cuando eso sucede, reavivamos la chimenea con gran alegría. Mis dos hijitos varones están fascinados con ella, y yo también. Las llamas nos invitan a desacelerarnos, a hacer una pausa y disfrutar el momento. Una vez que el fuego está encendido, y nosotros acurrucados en el sofá y abrigados con una manta suave, me pregunto: *¿Por qué no hacemos una pausa y nos relajamos más seguido?*

El teólogo Donald S. Whitney cita a Thomas Watson en su libro *Las disciplinas espirituales para la vida cristiana*, diciendo: «El motivo por el que salimos tan fríos después de leer la palabra es porque no entramos en calor junto al fuego de la meditación»[6]. Si queremos arder intensamente para Jesús, debemos aprender el arte y la disciplina de sentarnos fielmente junto al «fuego de la meditación». Leer la Palabra de Dios es vital para la vida espiritual, pero no basta con leerla; también debemos meditar en ella. Esto ayuda a que la Palabra siga con nosotras mientras transcurre nuestro día, y nuestra vida.

El concepto de la meditación cristiana se ha perdido en el mundo de la filosofía y las prácticas de la Nueva Era. Sin embargo, a lo largo de toda la Palabra de Dios podemos leer sobre el gozo y la disciplina de la meditación piadosa. El primer capítulo de Salmos comienza con el concepto de la meditación cristiana: «En la ley del SEÑOR se deleita, y día y noche medita en ella. Es como el árbol plantado a la orilla de un río que, cuando llega su tiempo, da fruto y sus hojas jamás se marchitan. ¡Todo cuanto hace prospera!» (Salmo 1:2-3, NVI). El predicador puritano Thomas Watson dice: «Sin la meditación, las verdades que conocemos nunca afectarían nuestro corazón. [...] Así como el martillo empuja al clavo desde la cabeza, la meditación empuja la verdad al interior del corazón»[7].

La meditación puede sonar intimidante, pero en realidad es más sencilla de lo que parece. Primero, aparta un tiempo devocional para pensar detenidamente en la Palabra de Dios (preferentemente, cuando no haya interrupciones). Comienza pidiéndole con humildad al Espíritu Santo que mantenga concentrado tu corazón[8]. Luego, elige un versículo o un tema bíblico sobre el cual meditar. ¡Y deléitate en la abundancia de su Palabra!

Cuando medito en la Palabra de Dios, inmovilizo mi cuerpo respirando profundamente para reposar en la presencia de Dios, sabiendo que cada soplo de aire viene de él. Cuando los pensamientos y las distracciones comienzan a invadir mi mente (cosa que, inevitablemente, sucede), trato de enfocarme en un aspecto de la persona de Dios y vuelvo a ello una y otra vez, dejando pasar cualquier otro pensamiento porfiado. Anoche, mientras estaba acostada en mi cama, mi corazón empezó a acelerarse por problemas y temores. Entonces, comencé a tomar aire profundamente y a recordarme que conozco la fidelidad de Dios. Cuando inhalaba, meditaba en la *misericordia* de Dios y, cuando exhalaba, soltaba toda preocupación delante de él.

Inhalo: *misericordia*. Exhalo: *preocupación*.

Una vez que mi corazón y mi mente se tranquilizaron, empecé a concentrarme en un versículo de las Escrituras, lo analicé pausadamente en mis pensamientos y me detuve a recapacitar en su verdad infinita.

Piénsalo como si se tratara de moler trigo. Un grano no se convertirá en harina hasta que sea machacado y pulverizado. Meditar en las Escrituras demanda tiempo, atención y esfuerzo, pero, a la larga, alimentará el alma y nos dará fuerzas para el día.

La meditación nos cambia, pero las verdades en las que meditamos nunca cambian.

LA LLAMA DE DIOS

Esa mañana, cuando la cerca se prendió fuego a partir de una pequeña palada de cenizas ardientes, recordé que Dios puede tomar la llamita más pequeña y encender algo imponente y poderoso. Si tu fe se ha extinguido y estás paleando las cenizas de la duda, el desánimo y la derrota, recuerda que Dios puede usar una simple chispa y encender algo que supere tus expectativas más audaces.

LA MUJER CULTIVADA

EN SU PALABRA PERMITE

QUE EL ESPÍRITU SANTO

ARRASE CON LA CIZAÑA

PARA DARLE VÍA LIBRE

A LA OBRA PODEROSA DE DIOS.

CAPÍTULO 9

EL ARTE DE MORAR

Qué diferente sería todo si pudiéramos dedicar un tiempo todas las mañanas a concentrarnos en el pensamiento: Cristo está en mí.

ANDREW MURRAY

La historia de una mujer sedienta

Los días se convertían en noches, y ella se sorprendía al ver que perdía la noción del tiempo. Superada por el agotamiento, desesperada, rememoraba las noches gloriosas cuando podía dormir más de tres horas seguidas. Su hijo recién nacido la despertaba a toda hora, necesitado de atención y de cariño aun cuando ella sentía que era incapaz de dárselo. Sabía que necesitaba algo más que horas de sueño: necesitaba la ayuda de Jesús. Pero, cada vez que hacía el intento de abrir su Biblia, oía un llanto que indicaba que su tiempo a solas había terminado. Aunque encontrara algunos minutos para leer, apenas lograba entender una frase. Empezó a preguntarse: *¿Alguna vez volveré a tener un andar floreciente con Dios?* Necesitaba aprender el secreto para ser productiva en cada época: morar en Cristo.

DESPUÉS DE QUE TUVE A MI PRIMER HIJO, la soledad se volvió mi compañía más cercana. Antes de dar a luz, estaba segura de que podría manejar (y dominar) la etapa venidera con excelencia y comodidad. Al fin y al cabo, había leído los libros que me decían cómo ayudar a dormir, calmar y mantener contentos a los bebés.

Sin embargo, la realidad de esas primeras semanas no se parecía en nada a las fórmulas sencillas planteadas en los manuales. Un domingo en particular, cuando mi hijo tenía apenas unas semanas de vida, participé de pie en la iglesia con él firmemente envuelto contra mi pecho. Mi marido participaba en el equipo de comunicación, y yo había encontrado un lugar cerca del fondo para estar con mi pequeño. Cuando nuestro pastor pasó a predicar, me senté y escuché un sonido que salió de nuestro hijo. De inmediato, sentí que mi camisa se mojaba debajo del chal que tenía puesto. Nolan había tenido uno de esos famosos atracones que todas las madres conocemos, y yo salí corriendo, lo metí en el carro y me fui a casa, llorando y con la camisa sucia y maloliente.

Más tarde, esa misma mañana, sentada en la mecedora y con la blusa manchada todavía puesta y el bebé que lloraba en mi regazo, yo también me eché a llorar. Mis expectativas ilusorias se desmoronaron aquella mañana y fueron reemplazadas por el desencanto y la soledad. Y eso fue solo el comienzo. Con cada noche desvelada y con cada día lento que vinieron a continuación, mi visión de una maternidad «exitosa» siguió viniéndose abajo porque las fórmulas siguieron fallándome.

Además de este cambio drástico de etapa de la vida, también sucedió otro cambio espiritual inesperado. Cada vez me resultaba más difícil abrir la Biblia y estudiar como lo hacía antes de que hubiera un bebito acurrucado sobre mi pecho. Mi mente cansada hacía un gran esfuerzo por darle sentido a lo que leía, o por registrar a diario mis sentimientos, lo que aprendía y lo que procesaba. Sin el tiempo, la energía ni la capacidad mental para estudiar la Biblia en profundidad, espiritualmente, me volví tan seca como un páramo desértico.

Desesperada por algún alivio temporal para la sequía que sentía en mi alma, encontré un librito llamado *La vid verdadera*, del escritor y predicador sudafricano Andrew Murray. A medida que avanzaba en el recorrido por las palabras escritas hace más de cien años, Dios me reveló el secreto para prosperar/florecer en todas las épocas: morar.

Yo era propensa a ver que la lectura de la Biblia era una tarea a cumplir de mi interminable lista de cosas pendientes. Pero el morar no es un punto más en una lista de pendientes; es un *estilo de vida*. Si quería redescubrir el gozo de mi salvación, necesitaba aprender el arte de morar en la vida cotidiana; aun en medio de las noches de insomnio.

EL RITMO DE MORAR

Morar es una palabra pequeña que implica muchas cosas. El ritmo que tiene el morar afecta a nuestra mente, cuerpo y alma. Nos mejora, nos restaura y recupera el tiempo perdido.

Morar se parece mucho al proceso paciente de crear una obra de arte. Una de mis maneras favoritas de reanimarme y relajarme es con un pincel y una paleta colorida. Con cada pincelada, el lienzo en blanco va transformándose en una imagen para contemplar, disfrutar y perderse en ella. De manera similar, el lienzo en blanco de tu vida es la oportunidad para morar mientras Dios, con su pincel, pinta verdades en tu corazón, eliminando lo innecesario para la imagen general y agregando aquello que la completa.

A fines del siglo XIX, Claude Monet fue uno de los fundadores de un estilo de pintura que luego se conoció como el Impresionismo francés. Rompiendo con todas las reglas del arte de su época, Monet salía para capturar los cambios de las estaciones y la oscilación de la luz usando pinceladas cortas y una variedad de colores. Esta técnica nueva dio lugar a una de las artes más cautivantes de todos los tiempos.

En un viaje que hice a Nueva York hace muchos años, fui directamente al Museo de Arte Moderno para ver algunas obras de arte de Monet, que se presentaban en una exposición itinerante. Desde el otro extremo de la sala vi una de sus obras maestras, «Los nenúfares». El extenso lienzo revelaba los nenúfares flotando sobre el agua cristalina. La luz parecía danzar en la superficie. Me acerqué para observar las pinceladas creadas por su mano talentosa y quedé maravillada por la atención a los detalles. Para captar la amplitud de la pintura, tuve que retroceder un paso. Pero para apreciar la aplicada atención a los detalles, tuve que adelantarme un paso. Lo mismo es válido para el arte y el ritmo de morar.

Necesitamos el panorama completo en nuestro andar en la fe: somos perdonadas, libres y restauradas por medio de Cristo y tenemos una morada eterna en el reino de Dios. Pero también necesitamos morar en los momentos cotidianos, con las pinceladas de cada segundo que corre. Morar es la decisión activa de permanecer en Cristo, de creer en su Palabra y confiar en su fuerza. Así como Monet empapaba meticulosamente su pincel en los óleos coloridos y pintaba de a una pincelada por vez, así nosotras moramos en Cristo, momento tras momento. El morar es una forma de arte, una disciplina que se aprende. Pero lo más importante es que es posible tan solo mediante la ayuda del Espíritu Santo.

Morar no es opcional para el pueblo de Dios; es un mandato (ver Juan 15:4). Pero ¿qué significa en realidad morar, y cómo implementamos este ritmo en nuestra vida? Agradezcamos que Jesús no nos deja a oscuras en cuanto a este mandato.

El apóstol Juan registra algunas de las últimas palabras que dijo Jesús antes de entrar en el huerto de Getsemaní, donde sería traicionado por uno de sus discípulos y arrestado por las autoridades judías. En medio del «discurso de despedida» de Jesús, les describió a sus discípulos el misterio, la necesidad y la belleza de morar (ver Juan 15). Sabiendo que la Cruz se aproximaba, Jesús habló a propósito sobre qué implica seguirlo. Estas enseñanzas de Jesús no son fáciles de poner en práctica. Son profundas e íntimas, un vistazo del camino hacia la vida abundante. Y comienzan con el aprendizaje de cómo crecer espiritualmente en esta vida.

CÓMO NO CRECEN LAS PLANTAS

Después de seis años de casados, mi esposo y yo finalmente estuvimos en condiciones de comprar nuestra primera casa. Fue un proceso emocionante pero abrumador y, una vez que nos dieron la llave, celebré comprando una planta de interior, un *Ficus lyrata*. Había visto esta planta en particular en un programa de diseño de hogares y pensé que, ahora que era propietaria, estaría suficientemente dotada para la jardinería como para lograr que un *Ficus lyrata* prosperara (fuera de mi incapacidad para hacer crecer nada).

Cuando llevé a casa este ficus bebé de treinta centímetros, lo trasplanté a una maceta plástica. Lo puse junto a nuestra chimenea, dentro de mi campo visual, para evaluar su crecimiento diario. Y fue exactamente lo que hice. Cada mañana, cuando me levantaba, me servía una taza de café caliente, me sentaba en el sofá y analizaba la planta.

¿Había crecido durante la noche? ¿Eso era una hoja nueva? Espera, ¿esa parte se está muriendo? ¿Por qué parece igual que siempre?

Cada mañana, me quedaba mirando mi *Ficus lyrata*, deseando poder pasarle, de alguna manera, la voluntad de desarrollarse hacia arriba. Pero, en lugar de crecer mi planta, la frustración que había en mi corazón aumentaba. De lo que no me daba cuenta era que, aunque la planta no pegara un estirón de la noche a la mañana (como las habichuelas mágicas de Jack), tampoco estaba moribunda. Moraba donde yo la había puesto. Como madre primeriza de plantas, la había puesto en una zona de poca luz, lo cual dificultaba su crecimiento. Pero, aun en esas circunstancias no tan ideales, bajo la tierra estaba pasando algo más de lo que aparecía.

Decidida a descubrir por qué mi planta no crecía tan rápido como yo quería, consulté con mi buen amigo Google, quien me ayudó a descubrir que esta planta necesitaba más luz solar. La llevé a nuestro porche de atrás, donde la luz del sol entraba a raudales a ciertas horas del día. Y, simplemente, la dejé ser: la regaba una vez por semana, la fertilizaba una vez por mes y, cada tanto, la controlaba.

Un día, noté una hoja nueva en la parte superior. Se abrió, creció y, con el tiempo, aparecieron hojitas nuevas. Un año después, sigue siendo pequeña, pero está mucho más grande que cuando la adquirí. Lento y constante, el crecimiento sucede mientras mi planta sigue morando donde yo la planté.

Mi ficus me enseñó una lección valiosa sobre morar. El morar no da como resultado un crecimiento instantáneo; produce un crecimiento lento y constante que transforma el alma. Las plantas no crecen de la noche a la mañana, y los seres humanos tampoco. La habilidad de morar no es algo que alcancemos con rapidez; es producto de nuestra búsqueda constante, en la medida que dependemos de Jesús. Es el ritmo cotidiano de mirar a Jesús, confiar en su capacidad y vivir en la abundancia y la realidad de su gracia. Ya sea que pintemos una obra maestra, que cultivemos un jardín o crezcamos en la fe, si esperamos disfrutar de la belleza que anhelamos, necesitamos morar.

SÉ UNA RAMA

La palabra griega para «morar» en Juan 15 es *menó*, que significa «seguir; permanecer». Trae aparejada la idea de esperar, sobrevivir, soportar, residir temporalmente y estar presente[1]. Mientras estudiaba el pasaje, se me ocurrió un acróstico para recordar qué significa morar:

Mantenerte creyendo en su Palabra

Obtener tu deleite en Jesús

Resistir con gozo

Aceptar la poda

Reconocer las vides falsas

Morar no se trata solo de la obediencia; es la base del gozo en la vida del creyente: «Les he dicho estas cosas para que se llenen de mi gozo; así es, desbordarán de gozo» (Juan 15:11).

Cuando Jesús habla de morar, deja en claro el rol que cumple cada parte. Jesús es la Vid Verdadera. El Padre es el Labrador. Nosotras somos las ramas. «Él corta de mí toda rama que no produce fruto y poda las ramas que sí dan fruto, para que den aún más» (Juan 15:2).

Una rama es una extensión de la vid. Si se separa de la vid, no da fruto. No puede dar sombra. No puede crecer. No puede sobrevivir. Jesús no te pide que hagas todo: que seas todo, que soportes la vida con tu entusiasmo y con tus propias fuerzas. Él simplemente dice: «Sé una rama».

MANTENERTE CREYENDO EN SU PALABRA

Hay una gran diferencia entre lo que sabemos y lo que creemos. Yo sé un montón de cosas, pero no creo en todas ellas. Conozco historias de cerdos que vuelan, ¡pero no creo que algún día pudiera mirar hacia afuera por mi ventana y ver un cerdo flotando por el cielo! Es posible tener un conocimiento intelectual de algo sin creerlo en realidad en el corazón, y descubro que esto es cierto en mi andar con Dios.

Crecí en una iglesia donde aprendí una infinidad de versículos e historias bíblicas, pero no siempre las creí. En ese momento, no lo hubiera reconocido, pero mis pensamientos y mis actos manifestaban esta incredulidad. Cuando empecé a tener ataques de pánico a mis veintitantos años, fue la manifestación de un enorme agujero de incredulidad. En el fondo, yo creía que Dios es bueno cuando te va bien en la vida, pero no creía que es bueno cuando las cosas se desmoronan, incluyéndome.

Creía que Jesús me había rescatado de mi pecado, pero no

que me rescataría de mi escasez de todos los días. Creía que Jesús era fiel con otros pero no que lo fuera conmigo. Leía las promesas de la Palabra de Dios rodeada por una nube de dudas, de miedo y de indecisión, temerosa de creerlas de verdad. La incredulidad me impedía apreciar la paz perfecta, la gracia sustentadora y la fe apasionada.

Pero Dios no me dejó allí, y tampoco te dejará a ti en tu incredulidad.

Creer en Dios empieza con la confianza en él. No creerías en las palabras de alguien en quien no confías. Cuando Dios ratificó su pacto con Abram (luego conocido como Abraham) en Génesis 15, repetidas veces le recordó a Abraham la promesa que había proclamado en Génesis 12. Cuando parecía que el cumplimiento de su Palabra tardaba en llegar, Dios le dijo a Abraham: «Mira al cielo y, si puedes, cuenta las estrellas. ¡Esa es la cantidad de descendientes que tendrás!» (Génesis 15:5). Abraham «creyó al SEÑOR, y el SEÑOR lo consideró justo debido a su fe» (Génesis 15:6). El recorrido de Abraham deja ver que creer no siempre es fácil, pero tampoco es algo que tengamos que conseguir por nuestros propios medios. Es un regalo de la gracia.

OBTENER TU DELEITE EN JESÚS

Jesús deja claro que, separadas de él, no podemos producir fruto eterno. Una de las cosas más sorprendentes que dice en este pasaje es: «Permanezcan en mí, y yo permaneceré en ustedes» (Juan 15:4). Piense un momento en esa palabrita *en*. Cristo está *en* ti ahora mismo. Él está *en* ti cuando te despiertas, cuando estás trabajando, cuando estás en la cama. Cristo está *en* ti cuando estás en una junta, en el carro o en otro país.

Esto es algo que debería generar gozo en nuestro corazón, no temor. La comunión que disfrutamos con Cristo es un regalo que la mayoría desaprovechamos. Cristo no está con nosotras como un padre severo que nos vigila por encima del hombro, esperando que demos un paso en falso. Está con nosotras porque se deleita con nosotras, porque nos ama y porque su vida nos da vida. Creo que, a veces, nos llenamos tanto de ocupaciones y de cosas que hacer para Jesús, que nos perdemos disfrutar de él. Las obligaciones pueden consumir nuestra alma y eclipsar el deleite de conocerlo.

Sin embargo, deleitarse en Cristo no es algo que suceda automáticamente; es necesario que nuestra alma practique disfrutarlo en los momentos cotidianos. Reconozco que, a veces, me he deleitado más en un espumoso café con leche y vainilla, que en disfrutar en la presencia de Dios. Pero he aprendido que cuanto más disfruto de Jesús, más lo anhelo. Deleitarse en Cristo es algo así como un gusto adquirido para quienes estamos inundadas por deseos intensos por las cosas que el mundo tiene para ofrecer. Pero es posible reencauzar lo que más ansiamos.

Aprendemos a deleitarnos en él cuando abrimos nuestra Biblia solo por gusto o cuando llegamos a la cima de una montaña y disfrutamos de su creación, después de una caminata agotadora. Nos deleitamos en él cuando olemos el café recién molido y damos gracias a Dios por el regalo de las bebidas calientes, el sabor y los árboles que producen los granos de café. Nos deleitamos en él cuando nos reímos en la compañía de buenas amigas, o nos arrodillamos con lágrimas que corren por nuestras mejillas mientras contemplamos la grandeza de Dios. George Müller escribió sobre su propio recorrido de deleitarse en Dios: «El primer y principal gran asunto del que debía ocuparme todos los días era lograr que mi alma estuviera feliz en el Señor»[2]. El deleite más importante para el alma humana es deleitarse en el Creador.

Jesús explicó en Juan 15:9, 11: «Yo los he amado a ustedes tanto como el Padre me ha amado a mí. Permanezcan en mi amor. [...] Les he dicho estas cosas para que se llenen de mi gozo; así es, desbordarán de gozo». Cada vez que leo esto, mis ojos se llenan de lágrimas porque he perdido mi gozo en el Señor más veces de las que puedo contar. Jesús sabía que nos esforzaríamos por mantener nuestro gozo; por eso, también abrió el camino para que comprendiéramos el verdadero gozo: permanecer en su amor incondicional. John Piper lo resumió cuando dijo: «Dios es más glorificado en nosotros cuando más satisfechos estamos en él»[3].

¿Estás satisfecha en la grandeza de Dios? ¿Te sientes como en casa en su amor? Cuando nos deleitemos en Cristo, nuestra alma podrá soportar las pruebas con gozo, como lo hizo Jesús, la Vid Verdadera (ver Hebreos 12:2).

RESISTIR CON GOZO

La vida nunca será fácil ni carecerá de dificultades. Los cristianos no son inmunes a sufrir ni a tener días malos. De hecho, Jesús dice algo bastante opuesto al final de su discurso de despedida: «Les he dicho todo lo anterior para que en mí tengan paz. Aquí en el mundo tendrán muchas pruebas y tristezas; pero anímense, porque yo he vencido al mundo» (Juan 16:33).

Jesús venció lo que, de otra manera, nos vencería, separadas de su gracia sustentadora. Cuando moramos, podemos resistir el sufrimiento con gozo. Warren Wiersbe escribe: «Debido a que somos solo ramas, repetidamente sentimos nuestra debilidad y miramos al Señor buscando ayuda y fortaleza»[4]. Eso quiere decir que absolutamente cualquier cosa en esta vida nos lleva a depender de la fuerza y de la suficiencia de Cristo como regalo.

Cuando yo tenía escasos dos años, a mi mamá le diagnosticaron una enfermedad autoinmune. Desde que tengo memoria, la he visto sufrir físicamente. He visto padecer un dolor invisible y profundo en sus articulaciones y en sus nervios, y la he visto soportar una enfermedad atroz con gozo, un testimonio de que Dios nos sostiene de verdad, a pesar de la adversidad.

Veinte años después de su primer diagnóstico, empezó a experimentar nuevos síntomas. Por la época en que Greg y yo hacíamos planes para nuestra boda, ella comenzó a padecer una fatiga extrema y mareos repentinos. El día posterior a mi boda, se enfermó de una gastroenteritis y perdió la sensibilidad en su lado izquierdo. Fue solo el comienzo de un proceso de deterioro y dolor que ella atravesaría.

Tras volar trece horas en varios aviones, Greg y yo finalmente estábamos llegando al final del viaje a casa, regresando de nuestra luna de miel, y solo nos quedaba un vuelo corto. Luego de que aterrizamos en Atlanta, encendí mi teléfono. Mi corazón se detuvo cuando vi el mensaje de texto de mi papá que apareció en la pantalla.

«Mamá está en terapia intensiva».

La dicha de nuestra luna de miel terminó abruptamente.

Con el corazón latiendo casi fuera de mi pecho, llamé a mi papá desde mi asiento en el avión, rodeada por desconocidos que eran ajenos al hecho de que mi mundo estaba desmoronándose. Con una voz fatigada, papá trató de darme confianza en que todo estaría bien y que mamá se mantenía estable, pero su certeza no tranquilizó mi alma.

Embarcamos nuestro último vuelo a Nashville con el corazón apesadumbrado y preocupado. Aunque era el vuelo más corto que habíamos tomado, pareció más largo de lo que podíamos soportar. Días después, empaqué mis maletas y volví en carro a Atlanta para estar con mis padres.

Regresamos del paraíso al sufrimiento. En los días siguientes, me senté junto a mi mamá mientras los médicos trataban de diagnosticar qué estaba sucediendo. Ella no recuerda demasiado de aquellos primeros días en terapia intensiva, pero yo guardé notas en mi teléfono durante ocho años con los nombres de las enfermeras y los doctores de la sala de emergencias. Mi mamá quiso que llevara un registro de sus nombres para poder orar por ellos. Aunque no podía caminar ni ver, Cristo le dio la resistencia para seguir amando a otros y para vivir en su fuerza. La convicción de mi madre nunca vaciló y, hasta el día de hoy, se mantiene firme en las promesas y en la bondad de Dios.

ACEPTAR LA PODA

La poda es uno de los procesos más necesarios para el crecimiento de una planta. Las plantas no pueden prosperar sin el mantenimiento y la atención regular. Una jardinera atenta se toma el tiempo de podar lo que está muerto o no da fruto. Aunque parezca contradictorio cortar algo que deseas que prospere, la poda existe para mejorar la planta. Sin la poda, la planta sufre. Si las ramas viejas, muertas y en descomposición siguen restándole vida a la planta, esta no recibirá la luz del sol ni los nutrientes que necesita. Lo mismo aplica al crecimiento espiritual. Si quieres crecer en tu andar con Cristo, tienes que ser podada.

En el jardín de la casa donde crecí, había un arbolito llamado arce japonés. Era un árbol peculiar; el sitio perfecto para que esta niña fantasiosa encontrara refugio bajo sus hojas rojizas y puntiagudas. Cada primavera, mi papá tomaba sus tijeras de podar y lo recortaba. Siempre lucía un poco triste luego de la poda, privado de sus ramas y sus hojas. Pero mi padre, el jardinero, sabía que en definitiva la poda lo haría más fuerte. Al cabo de unos meses, el arce lentamente renacía, volvía a estirar sus ramas y florecía con sus hojas carmesí, como si dijera: «Gracias por la poda».

Cuando se trata de la vida espiritual, la poda no solo implica un recorte por temporada; es un proceso permanente de ser vaciada y llenada de nuevo. Cada día, cuando venimos a la Palabra, el Espíritu Santo recorta nuestros deseos carnales y, en su lugar, siembra la verdad. Cada prueba, cada disciplina, cada período de sufrimiento son necesarios para que florezcamos. En lugar de quejarnos de las tijeras que usa Dios para podar, podemos ofrecerle las ramas muertas e inservibles de nuestra vida y confiar en que él producirá belleza del quebranto.

Si debo ser sincera, me cuesta mucho aceptar la poda de Dios. Preferiría mucho más prosperar sin estos cortes profundos. Nosotras anhelamos la floración sin el dolor. L. B. Cowman describe bien nuestro dilema:

Cuántas veces huimos de la purga y de la poda,
Olvidando que el Jardinero sabe
Que cuanto más profunda la poda y los recortes,
Más abundantes los racimos crecen[5].

Entonces, ¿qué es exactamente lo que Dios recorta? Elimina todo lo que hace que nuestra vida sea infructuosa: el pecado, las distracciones, la autosuficiencia. También saca todo lo que entorpece nuestro crecimiento y, a veces, eso implica aun cosas buenas. Cuando Dios quita algo «bueno» de nuestra vida, siempre es en favor de algo mejor. Cuando aprendamos a aceptar las tijeras de podar de Dios, podremos verlo obrar en todas las áreas de nuestra vida, incluso en las épocas difíciles.

RECONOCER LAS VIDES FALSAS

En el libro de Juan, Jesús revela quién es él mediante siete afirmaciones conocidas como «Yo soy». La última declaración «Yo soy» se encuentra en Juan 15:1, en la que Jesús explica que él es la «vid verdadera». No es simplemente una vid; él es la Vid *Verdadera*: la incomparable fuente de vida. La palabra griega para «Yo soy» es *eimi*, que significa «yo existo»[6].

Los discípulos habrán entendido el significado de la afirmación de Jesús, «Yo soy la vid verdadera». En Isaías 5:1-7, el profeta Isaías describió a Israel como un viñedo. Dios plantó este viñedo con «las mejores vides», esperando que produjera uvas, pero no dio más que «uvas amargas» (Isaías 5:2). Dios eligió a Israel para que fuera su pueblo, pero ellos no dieron buenos frutos. Se ataron a vides falsas y trocaron la provisión de Dios por los placeres pasajeros. Cuando Israel fracasó en ser la vid de Dios, Dios envió a su Hijo, Jesús, para que fuera la Vid Verdadera[7]. Jesús es todo lo que el pueblo de Dios no pudo ser antiguamente, y es todo lo que nosotros no podríamos ser ahora.

Las falsas vides a las que se ató Israel eran muchas y no muy diferentes de los ídolos a los que nos atamos nosotros. Podemos pensar que no somos idólatras, pero, en realidad, un ídolo es cualquier cosa que nos arrebate el amor por Dios. El pastor y teólogo Joe Rigney explica los impactos negativos de la idolatría de esta manera: «La idolatría no es un juego; es una realidad suicida que nos arruina el alma y despierta la ira del Dios celoso»[8]. Cristo vino para reprogramar nuestros falsos deseos y convertirlos de nuevo en deseos puros por él. Ídolos tales como la comodidad, la comida, los bienes personales, la fama, el placer y las relaciones prometen dar el fruto de la felicidad y la paz, pero producen insatisfacción e intranquilidad.

En la adolescencia, me até a las vides falsas de los logros y de la perfección. Estas vides falsas consumieron mi gozo y distorsionaron mi sentido de identidad. En la universidad, me aferré a las vides falsas de la comida, el control y el aspecto físico, lo cual me llevó a la desnutrición, a la depresión y a esconderme. Luego de la universidad, me até a las vides falsas del trabajo, el matrimonio y la maternidad. Cuando fui una madre joven, me até a las vides falsas de complacer a los demás, al éxito, a la casa ordenada, a los horarios perfectos y a una vida cómoda. Todos estos ídolos me dejaron agobiada, derrotada y defraudada.

Como ramas unidas a la Vid Verdadera, debemos ser implacables en separarnos de las vides falsas que Dios nos revela. Solo entonces podremos aprovechar la plenitud de unirnos a Cristo, la Vid Verdadera; la única fuente de vida, de deleite y de libertad.

ESTAR BIEN EN ÉL

Entonces, ¿qué significa morar en nuestra vida diaria? Significa que no podemos hacer nada que valga la pena sin Cristo. Significa que tenemos todo lo necesario para hacer lo que él nos ha llamado a hacer. Y significa que nos quita la presión de hacer todo por nosotras mismas. No tenemos que hacerlo todo porque Jesús ya lo hizo todo (y todavía sigue haciéndolo todo). Él es la Vid Verdadera, y nosotras somos sus ramas.

Sintámonos en casa con esta realidad, creyendo que *Cristo está en mí*. Esta es nuestra esperanza, y esta es su gloria.

LA MUJER CULTIVADA
EN SU PALABRA MORA
EN CRISTO
Y RECONOCE QUE,
APARTADA DE ÉL,
NO PUEDE HACER NADA.

CAPÍTULO 10

EN CADA ÉPOCA

Cuando las sombras de la noche (la necesaria noche) cubran el jardín de nuestra alma, cuando las hojas se cierren y las flores dejen de reflejar la luz del sol en sus pétalos plegados, y cuando suframos la oscuridad más densa, recordemos que nunca nos hallarán en falta y que las gotas reparadoras del rocío celestial solo caen después de que el sol se ha puesto.

L. B. COWMAN

La historia de una mujer sedienta

Cuando contestó el teléfono, el doctor le dio noticias que no quería escuchar. Su mundo comenzó a venirse abajo y la primera pregunta que se le ocurrió fue *¿Por qué? ¿Por qué yo? ¿Por qué este diagnóstico? ¿Por qué ahora?* A medida que pasaban los meses, siguió cuestionando y luchando, esperando respuestas y alivio para sus lágrimas. Abrir la Biblia le resultaba más difícil conforme pasaba el tiempo. Cuando tenía náuseas, sus ojos apenas hacían foco en las palabras de la página. La ansiedad se instaló en su corazón como una nube tormentosa que le obstaculizaba la visión. Pero estaba a punto de descubrir que necesitaba una sola palabra de las Escrituras que calmara su alma inquieta. A través de esa época de pruebas, aprendería a confiar en Dios con todo el corazón y a depender de su Palabra... aunque fuera solo de a una palabra a la vez.

EL DÍA QUE MI ESPOSO se fue para empezar un trabajo nuevo en Georgia, me sentí un poco rara. Habían transcurrido dos semanas estresantes desde que Greg había aceptado el puesto y hecho la transición, dejando su rol en la iglesia donde había servido durante cinco años. Todo sucedió con rapidez y no tuvimos la oportunidad de buscar una casa en Atlanta, así que planeábamos quedarnos en lo de mis padres mientras buscábamos un lugar.

Yo me había sentido con náuseas y un poco cansada, pero seguía atribuyéndoselo al estrés de mudarnos con un niño pequeño. Sin embargo, pasaron varios días y la sensación de malestar no se calmaba. Entonces, una hora después de que me despedí con un beso de Greg y se fue rumbo a Georgia, decidí hacerme un test de embarazo.

Llamé a Greg antes incluso de que llegara a Atlanta.

—Bueno... sé que no es el mejor momento, pero ¡estamos embarazados! —Se lo dije con la ansiedad, la excitación y la sorpresa hechos un nudo en mi estómago.

A la semana siguiente, con la ayuda de nuestros amables amigos, embalé la mudanza mientras Greg empezaba su nuevo trabajo. El cansancio y las náuseas de principio del embarazo me afectaron mucho mientras cargaba caja tras caja, para que luego Greg las recibiera el fin de semana siguiente.

Cuando estaba terminando de empacar, separé una caja abierta llena de mis amadas plantas, para que él las pusiera en el asiento delantero del camión de mudanzas. El sábado siguiente, manejé hasta Georgia con el carro cargado y acompañada por mi pequeñito mientras Greg cargaba la camioneta con el resto de nuestras pertenencias. Esa noche, cuando llegamos a la casa de mis padres, descubrí que la caja con mis plantas había sido embalada y sellada por error. Para empeorar la cosa, ¡no sabíamos qué caja era! Abrir cada una de las cajas para buscarlas era un esfuerzo en vano, así que perdí las esperanzas con esas plantitas a las cuales había logrado mantener vivas hasta entonces.

Durante los seis meses siguientes, vivimos solo con lo que llevábamos en tres maletas (una para Greg, una para mí y una para nuestro hijo). A medida que transcurrió cada mes en este período de transición, la novedad de vivir solo con lo de la maleta comenzó a desvanecerse. Si bien estaba agradecida de tener un lugar donde quedarnos, mi corazón anhelaba tener nuestro propio hogar. Cada día nuestras circunstancias parecían cambiar, no había regularidad ni estabilidad. Así como crecía el bebé en mi vientre, lo mismo sucedía con mis temores en cuanto al futuro y mi descontento con nuestra situación.

En primer lugar, la idea de dar a luz otra vez encabezaba mi lista de «No puedo hacer esto». Aunque habían pasado tres años desde que había dado a luz a Nolan, aún estaba traumatizada por la experiencia. Cuando la epidural no funcionó luego de tres intentos, me encontré luchando contra el dolor incesante en la columna y las náuseas continuas, por no mencionar el miedo paralizante. Recuerdo haberle susurrado a mi esposo: «*Nunca* haré esto otra vez».

Además del miedo al parto, ansiaba con desesperación

establecernos en nuestro nuevo lugar. Durante esa época, habíamos visitado varias iglesias ya que donde vivíamos era temporario. Anhelaba tener una vida estable, amistades y comodidad, pero me sentía constantemente intranquila.

En esa época agotadora y agitada, lo único que seguía siendo estable para mí era la Palabra de Dios. Cuando la vida me parecía abrumadora, abría mi Biblia en Lamentaciones 3:21-24, para que me recordara la fidelidad perdurable de Dios: «No obstante, aún me atrevo a tener esperanza cuando recuerdo lo siguiente: ¡El fiel amor del SEÑOR nunca se acaba! Sus misericordias jamás terminan. Grande es su fidelidad; sus misericordias son nuevas cada mañana. Me digo: "El SEÑOR es mi herencia, por lo tanto, ¡esperaré en él!"».

Ninguna mudanza ni situación transitoria de vida cambiaría el hecho de que puedo sentir que Cristo es mi hogar en todo momento. Aun en la inestabilidad, Cristo sigue siendo mi cimiento estable. Como dice Hebreos 13:8: «Jesucristo es el mismo ayer, hoy y siempre». Esta verdad es la clave para sobrevivir (y, aun, florecer) en las épocas desérticas de la vida.

EL CACTUS QUE SOBREVIVIÓ AL SÓTANO

Siete meses después de que comenzamos a buscar nuestra casa, y entrando en mi tercer trimestre, finalmente, nos mudamos a nuestra nueva casa. Desembalar nunca había sido tan divertido... ¡ni tan extenuante! Una panza prominente no es exactamente una ventaja en esas circunstancias. Mientras desempacaba de a poco cada caja y trataba de acomodarnos en el espacio nuevo antes de que llegara el segundo bebé, me topé con la caja que contenía mis plantas. ¡Para mi sorpresa, algunas habían logrado sobrevivir!

El pequeño cactus que estaba en una maceta de arcilla se había caído de costado, como si levantara su banderita blanca de rendición. Pero, luego de su prolongado período en el sótano, milagrosamente sobrevivió con la escasa humedad que recibió. Y, créase o no, aún está vivo. Está apoyado en el alféizar de la ventana de mi cocina, donde puedo mirarlo mientras lavo los platos. Es un recordatorio diario de que es posible sobrevivir a las épocas desérticas de la vida.

Nunca logré que el cactus volviera a enderezarse, pero todavía crece, encorvado por la humildad de la época difícil que una vez soportó. Y, en cierto sentido, ¿no es así como lo vivimos nosotras? Como ese cactus pequeño y tenaz, nuestras temporadas de dolor nos marcan para siempre. Pero podemos soportar, y salir más fuertes cuando lo hemos superado.

LAS ÉPOCAS CAMBIAN, PERO LA PALABRA DE DIOS NO

La verdad es que todas atravesamos dificultades y temporadas desérticas en esta vida. De este lado del Edén, el pecado y la inmoralidad son una realidad. Pero no estamos desesperanzadas. En cada época, Dios nos da exactamente lo necesario no solo para sobrevivir, sino para prosperar. Nunca nos manda a un lugar para el que, además, no nos capacite, nos guíe y provea para nosotras. Las épocas de la vida cambian, pero su Palabra sigue siendo la misma, y es su Palabra la que nos hace salir adelante (ver Isaías 40:8).

El rey David escribió de puño y letra una oración, estando en un desierto literal: «Oh Dios, tú eres mi Dios; de todo corazón te busco. Mi alma tiene sed de ti; todo mi cuerpo te anhela en esta tierra reseca y agotada donde no hay agua» (Salmo 63:1). David conocía en carne propia cómo era transitar una época desértica. No buscaba tan solo agua, sino la profunda satisfacción de la Palabra de Dios y su presencia (versículos 2-8).

Cuando uno se encuentra con una temporada de sequía, todo lo que no sea esencial para la supervivencia se vuelve casi indeseable. El desierto te despoja de los deseos improductivos y despierta en ti tus necesidades básicas. En un sentido espiritual, las épocas desérticas exponen las búsquedas vanas de esta vida y nos llevan al lugar de verdadera esperanza y refugio: Cristo. La Palabra de Dios es como un vaso de agua helada en un día caluroso. El desierto revela nuestro anhelo de Dios como ningún otro período puede hacerlo.

LAS LECCIONES DE VIDA APRENDIDAS DEL CACTUS

El cactus fue hecho para sobrevivir en el desierto. Cada parte de la planta tiene un propósito que la ayuda a soportar el calor y la sequía. El cuerpo del cactus se hincha durante las épocas de lluvias y se humedece para recolectar agua para los días que vendrán. Las espinas sirven como un mecanismo de defensa incorporado y también acumulan agua[1]. Desde las raíces al núcleo y a las espinas, el cactus no es tan solo único y bello; también está hecho con la capacidad de capear las tormentas, el calor y el sol implacable.

En nuestra propia vida, afrontamos los desiertos del sufrimiento, la tristeza, la enfermedad, la desesperación, la ansiedad y la traición. Al igual que el cactus, podemos aprender no solo a sobrevivir al desierto, sino a fortalecernos gracias a él. Hay tres lecciones que podemos aprender del cactus cuando nos enfrentamos a nuestros períodos desérticos.

La Palabra de Dios es nuestra agua

Así como el cactus almacena agua porque sabe que llegará la estación seca, podemos almacenar la Palabra de Dios en nuestro corazón para los momentos cuando pasamos por desiertos espirituales (ver Salmo 119:9-11). Cuando Jesús estuvo en el desierto, respondió con la verdad a las tentaciones del diablo (ver Mateo 4:1-11). No tuvo que buscar en una concordancia qué decir ni cómo responder; él mismo es la Palabra. Lo que estaba en su corazón salió de su boca en el momento que lo necesitaba. A pesar de que el diablo lo tentó con pan, poder y posesiones, Jesús dependió de la suprema fuente de vida.

Cuando no estamos en el desierto, debemos nutrir nuestra alma con la verdad, absorber las promesas de Dios y arraigarnos en la Palabra. Podemos depositar la verdad durante las épocas de abundancia, para que podamos retirarla cuando llegue la sequía.

La Palabra de Dios es nuestra protección

Así como el cactus tiene espinas para protegerse, tú también has recibido protección contra tus enemigos. El apóstol Pablo comparte una sabiduría fundamental para los seguidores de Jesús: «Sean fuertes en el Señor y en su gran poder. Pónganse toda la armadura de Dios para poder mantenerse firmes contra todas las estrategias del diablo» (Efesios 6:10-11). La descripción conmovedora de Pablo sobre la armadura de Dios puede resumirse en tres órdenes: (1) sean fuertes, (2) pónganse y (3) sométanse.

Primero, *sean* **fuertes**. El cactus es fuerte donde está arraigado y se mantiene firme contra el viento, la tormenta, la lluvia y los intrusos. Asimismo, nosotras podemos mantenernos firmes contra el enemigo de este mundo porque estamos plantadas en la Palabra. Jesús se mantuvo firme en el desierto cuando fue humillado y tuvo hambre. Luego, fue fuerte por nosotras al morir en la Cruz en nuestro lugar. Porque Jesús se mantuvo firme en lugar de nosotras, podemos sostenernos en sus promesas.

Luego, *ponte* toda la armadura de Dios. La armadura de Dios está compuesta por varias piezas vitales: el cinturón de la verdad, la coraza de la justicia, el calzado para la paz del evangelio, el escudo de la fe, el casco de la salvación y la espada del Espíritu, que es la Palabra de Dios (ver Efesios 6:13-17). La oración nos posibilita empuñar nuestras armas y aferrarnos de la verdad del Espíritu que Dios nos ha provisto (ver Efesios 6:18). A través de Cristo, hemos recibido todo lo que necesitamos para sobrevivir al desierto y triunfar sobre el enemigo, pero debemos ser fieles y ponernos la armadura que nos fue entregada.

Finalmente, *someterse* a los planes, al poder y a los propósitos de Dios. Nosotras peleamos *desde* la victoria de Jesús, no *por* la victoria. La victoria ya ha sido asegurada en la Cruz. Aunque peleamos muchas batallas en esta vida, lo hacemos sabiendo que Cristo ya ganó. Y, dado que somos hijas de Dios, nosotras también hemos ganado.

La Palabra de Dios nos da raíces

Cada época de desierto tiene un propósito; nada se desaprovecha en el reino de Dios. Durante mis estudios universitarios, cuando estaba derribando la fortaleza del trastorno alimenticio mediante el poder del Espíritu Santo, Dios me abrió lentamente los ojos a las maneras en que él usaría mi lucha como un testimonio de triunfo. La primera vez que compartí lo que estaba atravesando con una amiga que también luchaba con su imagen física, me miró con los ojos llenos de lágrimas. «¡Yo siento lo mismo!».

Se sentía sola en su lucha en el desierto, tal como me sentía yo. Pero la verdad es que no estamos solas. Las épocas de desierto nos llegan a todas, de una manera u otra. No hay un ser humano que no haya enfrentado la prueba, la tentación y el dolor (incluido Jesús). Nuestro gran Sumo Sacerdote, Jesús, «comprende nuestras debilidades, porque enfrentó todas y cada una de las pruebas que enfrentamos nosotros, sin embargo, él nunca pecó» (Hebreos 4:15). Jesús es el modelo de cómo podemos hundir nuestras raíces en el carácter de Dios.

Las raíces crecen más profundas mediante la gratitud. ¿Por qué? Porque con la gratitud aprendemos a aceptar lo que nos ha sido dado y a renunciar a lo que no hemos recibido, para que podamos prosperar en el preciso lugar donde estamos. En cada época encontraremos algún nivel de aceptación y de renuncia. Pero la Palabra de Dios y su carácter nunca cambian: él siempre es fiel, siempre es bueno. Y cuando nos aferramos a esa verdad, podemos tener gratitud, sin importar cuál sea la época.

UNA FE PARA TODAS LAS ÉPOCAS

La Palabra de Dios no es tan solo para las épocas cuando la vida va bien; es también para cuando parece insoportable. Es para los tiempos en que el dolor te succiona el gozo. Es para los momentos cuando la pena arrebata tu pasión por la vida. Es para los momentos cuando la soledad te deja con la sensación de que estás aislada. Es para cuando el agotamiento te desanima. Es para los momentos cuando la ansiedad te hace temblar de miedo y de duda. Por medio del milagro y de la gracia, la Palabra de Dios es la manera en que esas épocas insoportables se vuelven tolerables... porque la Palabra de Dios nos mantiene fuertes.

Las épocas de transición

Después de la universidad comencé una época llena de transiciones mientras trataba de descifrar la vida en el «mundo real». Cuando me gradué, no tenía ni idea de cómo me ganaría la vida. A pesar del título con el que contaba, no tenía para nada en claro qué hacer con mi vida. A través de una serie de contactos hechos por la soberanía de Dios, empaqué y me mudé a Tennessee para trabajar en un ministerio de una iglesia cerca de Nashville. Ese verano, conocí a Greg. Aunque en ese momento no sabía que se convertiría en mi esposo, nos casamos poco más de un año después. Pero ese no fue el fin de mi época de transición; eso tan solo la intensificó.

Luego de que dimos el sí, Greg y yo (1) vivimos en una casa flotante en pleno invierno; (2) dormimos en el piso del cuarto del bebé de nuestros amigos (gracias a Dios, fue breve), y (3) vivimos en un cuarto en la planta alta de la casa de otros amigos (lamentablemente, ¡el pavo real que tenían de mascota murió mientras estábamos cuidando su casa!). Todo esto sucedió en un período de dos meses.

Los años siguientes estuvieron llenos de transiciones: nuevas amistades, amigos que se mudaron, reunirnos en grupos pequeños, cambios laborales, mudarnos a lugares nuevos, nacimiento de los hijos. Cada año trae una multitud de cambios. En las épocas en que el suelo sobre el que estamos parados parece moverse perpetuamente, podemos hallar consuelo en saber que Cristo es nuestro hogar, aunque sintamos que no tenemos un hogar en este mundo. Aun si todo este mundo fuera arrancado, su Palabra permanece para siempre (ver 1 Pedro 1:25). Ninguna transición puede cambiar la Palabra de Dios, pero, ciertamente, puede cambiarnos a nosotras en el proceso.

Las épocas de pérdida

La pérdida llega en toda forma y tamaño; no distingue entre ricos y pobres, sanos o enfermos, fuertes o débiles, justos o injustos. Algunas pérdidas son inesperadas y nos dejan sin aire. Otras pérdidas llegan después de períodos interminables de sufrimiento y de espera. A veces, enfrentamos la muerte de un ser querido, y otras veces perdemos nuestra salud, nuestra independencia o nuestro hogar. La pérdida puede causar angustia física y también puede catapultarnos a la depresión espiritual.

Cualquiera sea la forma en que llega, el dolor en esta tierra es un hecho. Pero cuando contamos nuestras pérdidas como una manera de ganar el «infinito valor de conocer a Cristo Jesús» como Señor, ganamos el cielo (Filipenses 3:7-21).

Helen Lemmel, la autora inglesa de unos quinientos himnos, una vez escuchó una frase que impactó tan profundamente su alma, que la inspiró a escribir un himno que aún hoy resuena. Después de casarse con un europeo adinerado, quedó ciega.

Poco después de eso, su marido la dejó hundida en el dolor[2]. A pesar de su pérdida, su corazón siguió cantando una canción de alabanza a Dios, el único que redime todo quebranto. Como lo ilustra su vida, algunas de las melodías más espléndidas del alma vienen de la tristeza más profunda.

Aunque no puedas «ver» más allá de las sombras de tu pérdida, acude a Jesús, quien ve claramente todo lo que ha sucedido y todo lo que vendrá. El himno de Helen nos recuerda qué hacer cuando nos sobrevienen las épocas de pérdida y de problemas:

¡Oh, alma cansada y turbada!, ¿sin luz en tu senda andarás?
Al Salvador mira y vive; del mundo la luz es su faz.
Fija tus ojos en Cristo, tan lleno de gracia y amor,
y lo terrenal sin valor será a la luz del glorioso Señor.

Las épocas de ansiedad y depresión

Cuando rememoro los momentos en que más me cuesta abrir la Biblia, encabezando la lista están las épocas de ansiedad, temor y pánico. En los meses siguientes a mi primer ataque de pánico, casi no podía leer la Biblia y, cuando lo hacía, era prácticamente imposible concentrarme. Las anotaciones en mi diario eran escasas en aquellos días, y cuando encontraba la determinación de registrar lo que acosaba mi alma, las palabras eran muy pocas.

La ansiedad no es nueva para la condición humana. Recorre

los salmos y encontrarás almas desgarradas clamando a Dios para que las rescate. El autor del Salmo 88 estaba «lleno de dificultades», era un hombre al que no le quedaban fuerzas (versículos 3, 4). Escribió desde lo profundo de un pozo espiritual, superado por las preocupaciones e increíblemente apesadumbrado. Este salmo comienza y termina en oscuridad; sin embargo, Dios (sabiendo que las épocas de abatimiento nos llegan a todos) lo inspiró para que fuera parte de la Palabra.

En nuestros momentos más oscuros, Dios está cerca y es fiel para escucharnos. Nos rescata y nos libera del estruendo de la desesperación y de la ansiedad. La noche oscura del alma es real y puede parecer arrolladora, pero el sol siempre vuelve a salir. Las nubes siempre se disipan y revelan que el Hijo nunca dejó de brillar. Aunque por un tiempo no podamos ver ni sentir la cercanía de Dios, él pronto levantará el velo y recuperaremos la visión (y, con ella, la sanidad, la plenitud y la libertad).

Entonces, ¿cómo lees tu Biblia durante estas épocas lúgubres? Para ser sincera, un estudio bíblico en ese tiempo resultará bastante distinto a las épocas florecientes, y está bien. El Señor sabe dónde estamos y él es más que capaz de proveernos lo que necesitamos. A veces, lo único que puedes hacer en los momentos difíciles es *escuchar* la Palabra. Como dice Romanos 10:17, «la fe viene por oír, por oír la Buena Noticia acerca de Cristo». Escuchar la Palabra a través de una aplicación de la Biblia en tu teléfono puede abrir los ojos de tu corazón y apaciguar tu alma afligida. Otras veces, podrás permanecer en un pasaje o en un versículo durante días y semanas seguidas, orándolo, escribiéndolo reiteradamente y declarándolo sobre la oscuridad del presente. Y en otras ocasiones, puedes limitarte a un libro de la Biblia (sí, hasta uno que podría no parecer «aplicable» a tu situación) y seguir estudiándolo porque toda la Palabra de Dios es viva y poderosa. El punto es que también necesitamos la luz de la Palabra de Dios en las épocas oscuras, aunque la recibamos de una manera diferente a como lo haríamos en las épocas de prosperidad.

Y, a veces, en esas épocas, das un paso hacia atrás para reevaluar tu vida e indagar más profundamente en la raíz de la ansiedad o de la depresión. Una cosa es segura: ya sea que estemos en las alturas o en los peores momentos, podemos fijar nuestro corazón en la gloria de Dios y predicarle la verdad a nuestra alma, tal como hicieron los salmistas. Esto es lo que los llevó a superar su desesperación.

Las épocas de deambular

Durante cuarenta años, Dios permitió que los israelitas deambularan por el desierto. En el proceso les enseñó a desear algo mejor que la comida, una casa y bienes terrenales. Dios sabe que en nuestros momentos en el desierto lo que en realidad necesitamos no son respuestas, alivio o cosas; lo necesitamos a él. Dios alimentó a los israelitas con el maná para que ellos supieran que «la gente no vive solo de pan, sino que vivimos de cada palabra que sale de la boca del SEÑOR" (Deuteronomio 8:3).

¿Podría ser que nuestras épocas desérticas en la vida sean, en realidad, una bendición para enseñarnos que nada nos llena, a menos que sean las palabras vivificantes que salen de la boca de nuestro Señor? Ninguna época se desaprovecha; ningún deambular carece de propósito. El Señor usa cada época para enseñarnos a anhelar algo mejor y enseñarnos que solo él satisface.

Cuando vivas tu época en el desierto, debes saber que él es suficiente. La Palabra de Dios es tu refugio, tu alimento. En esos momentos, cuando más te cuesta abrir la Palabra y orar, Dios está enseñándote que nada en este mundo sustentará tu corazón; solo él lo hará. Te dará el «maná de la gracia» en la Palabra (la fortaleza justa para cada día). Que el desierto sea una oportunidad para caer de rodillas y recordar que él te proveerá , y que te ama con un amor eterno.

Las épocas de muchas ocupaciones

Se cree que Martín Lutero dijo: «Tengo tantas cosas que hacer que pasaré las primeras tres horas en oración». Esto es contrario a lo que hacemos instintivamente cuando estamos en épocas de muchas ocupaciones, pero creo que Lutero estaba en lo cierto. No podemos sobrevivir a las épocas de tantas ocupaciones si no nos mantenemos unidas a la Vid, a la fuente de vida. Cuando surge la tentación de creer que estamos demasiado ocupadas para morar en la Palabra, debemos revisar nuestra hiperactividad y reorganizar nuestras prioridades para que pongamos primero lo primero.

Como dijo C. S. Lewis: «No se consiguen cosas secundarias si se las pone en primer lugar; se las consigue si se pone lo primero en primer lugar»[3]. En otras palabras, cuando ponemos las «cosas secundarias» (las cosas de este mundo) como prioridades antes que Cristo, recogemos una cosecha de cosas secundarias. No cosecharemos la paz, el gozo y la realización que solo podemos encontrar en Jesús. Las cosas secundarias de este mundo pueden disfrutarse más plenamente cuando nuestro disfrute verdadero está en Cristo. Aquello a lo que le dedicas tiempo es lo que cosechas de verdad. Cuando Cristo no está primero y en el centro, todo lo demás se derrumba.

En épocas de muchas ocupaciones, es importante valorar nuestra alma, así como nuestros horarios. ¿Qué podemos dejar de lado para poner a nuestro Salvador delante de nosotras? ¿Qué «cosa secundaria» podemos dejar pasar para permanecer más tiempo en la presencia de Dios?

Una vez que hayas concluido el sondeo de tu alma, somete tu circunstancia al Señor. Algunas épocas son naturalmente más ajetreadas que otras y no hay nada que hacer para cambiarlas. Por ejemplo, los primeros años de la maternidad, inevitablemente estarán llenos de trasnochadas, mañanas largas y días agitados. Ser mamá es un trabajo de tiempo completo, las veinticuatro horas. Sin embargo, hay maneras creativas de estar en la Palabra, aun atravesando una época de muchas ocupaciones.

Si no puedes disponer de un tiempo tranquilo para el estudio de las Escrituras, puedes elegir un pasaje para memorizar y meditar, como una manera de llevar la Palabra de Dios contigo a lo largo de todo el día. Díselo en voz alta a tus hijos. Escríbelo en una notita adhesiva y pégala en el lugar donde pases mucho tiempo (el lavadero, el fregadero de la cocina, el baño de los niños). Pon lo primero en primer lugar para combatir la mentira de que no tienes tiempo para estar en la Palabra. Nunca lamentarás el tiempo que dediques a la Palabra de Dios, pero sí lamentarás si descuidas llenarte el alma con lo único que te ayudará a sobrellevar las épocas de muchas ocupaciones.

Las épocas de soledad

Una de las mentiras más convincentes que te dirá Satanás es que estás sola; que eres la única que pasa por esta prueba y que eres la excepción a la fidelidad de Dios. Es cierto que la soledad puede dificultar el análisis profundo de la Palabra, pero también puede ser un catalizador para el crecimiento espiritual cuando te veas obligada a ver a Cristo como tu verdadero compañero.

Cuando empecé mi primer trabajo al término de la universidad, me encontraba en una nueva ciudad. Aunque otros pasantes se habían mudado a la zona en la misma época, yo luchaba constantemente con una sensación intensa de soledad mientras sorteaba la vida como una chica soltera que trabajaba en mi primer empleo de tiempo completo luego de mi graduación. Al mirar atrás recuerdo la punzada de soledad, pero también recuerdo los momentos agradables que pasé con el Señor en oración, adoración y entrega.

Nunca elegiríamos la soledad, pero ella nos ofrece sus propios regalos. Nos obliga a profundizar en nuestras raíces, en el lugar donde hemos sido plantadas.

DIOS ESTÁ EN CADA ÉPOCA

Dios es el creador de las épocas. Aunque el tiempo en la Palabra pueda parecerte distinto, dependiendo en qué etapa de la vida te encuentres, siempre puedes echar profundas raíces en Cristo, ya sea que estés en el desierto o en la tempestad, en un páramo o en la cosecha, en un momento de cambios o de monotonía, en un período de gozo o de pérdida.

Salomón dice: «Hay una temporada para todo, un tiempo para cada actividad bajo el cielo» (Eclesiastés 3:1). Él continúa con una larga lista de altibajos de la vida y explica que hay un tiempo para todo, así que no debemos sorprendernos cuando aparezcan las épocas de duelo, de adversidad, de sufrimiento y de silencio. Pero he aquí el lugar al que podemos llegar en cada época: «He visto la tarea que Dios ha impuesto al género humano para abrumarlo con ella. *Dios hizo todo hermoso en su momento*, y puso en la mente humana el sentido del tiempo, aun cuando el hombre no alcanza a comprender la obra que Dios realiza de principio a fin» (Eclesiastés 3:10-11, NVI, énfasis añadido).

Todo hermoso en su momento. A la luz de la redención, las

épocas de pérdida, la transición, la dolencia, la ansiedad, la depresión, la hiperactividad y la soledad, todas serán hechas hermosas. Pero por ahora vivimos con la eternidad que impulsa a nuestro corazón a volver a la Cruz.

Hay una belleza para encontrar en cada desierto. Solo necesitamos los ojos espirituales para ver y el corazón para anhelarla; y solo pueden ser cultivados si permanecemos en la Palabra en cada época.

LA MUJER CULTIVADA
EN SU PALABRA LA GUARDA
EN SU CORAZÓN,
SABIENDO QUE DIOS HA PROVISTO
TODO LO QUE NECESITA PARA
CRECER, FLORECER Y PROSPERAR,
AUNQUE ATRAVIESE
ÉPOCAS DESÉRTICAS.

CAPÍTULO 11

LA BATALLA DE TODA LA VIDA

Nuestros sentimientos no afectan los hechos de Dios.

AMY CARMICHAEL

La historia de una mujer sedienta

Sobresaltada, se incorporó de un sueño perturbador que había tenido; su mente corría acelerada como un carro fuera de control. Ni siquiera había salido de la cama, y ya las mentiras se burlaban de ella. Sus sueños solo develaron más miedos, preocupaciones y tensión. A medida que pasó el día, la batalla en su mente arrasó con más fuerza. Los miedos embistieron contra su paz y los recuerdos de los fracasos del pasado desplazaron la gracia que tanto ansiaba mantener. Necesitaba hacer que las mentiras se doblegaran ante Jesús, el verdadero Rey de su corazón. Estaba librando una batalla en su mente y, si habría de ganar, debía sujetar sus pensamientos a Cristo, día tras día, momento a momento.

LA PRIMERA VEZ QUE SEMBRÉ UN HUERTO, no tenía idea de que iba a entrar en guerra. Había imaginado tomates jugosos para hacer salsas, chiles amarillos picantes para guardar en conserva y ocras crujientes para tostar. Mi visión reproducía las imágenes de *El jardín secreto*, una película que había visto repetidamente cuando era niña. Mis fantasías no incluían la lucha constante contra las pestes y las enfermedades de las plantas.

No mucho después de que mis tomates empezaron a crecer, noté agujeros en las hojas. Seguramente, las criaturas diminutas trataban de invadir mis plantas. Sin embargo, eso fue apenas el comienzo. Mi canasta colgante de fresas se convirtió en un festín para los pájaros y mis plantas de calabaza se volvieron el hogar de los insectos no deseados.

De pronto, cultivar un huerto ya no era un pequeño proyecto soñado y divertido, sino una lucha diaria contra criaturas invasoras. No me había preparado para esta guerra. Sin saber qué hacer, terminé yendo a un vivero para proveerme de pulverizadores contra insectos. ¡Pelearía por mi jardín! Pero estaba en desventaja: el enemigo ya había marcado el territorio que yo nunca sería capaz de recuperar.

Luego de meses de luchar, finalmente, me rendí a las plagas del huerto. Mis calabacines y las plantas de zapallos amarillos empezaron a pudrirse y nunca dieron una buena cosecha. Los insectos se hicieron un picnic con sus enredaderas y sus hojas. Aprendí por las malas que para desarrollar cosas buenas, ya sea en la tierra o en nuestra alma, debemos ir a la guerra.

Si comenzamos el día sin estar preparadas, la cosecha será mínima. Como los bichos que se dieron un banquete con el fruto de mi trabajo, las mentiras del enemigo pueden invadir nuestra mente y ahogar el fruto bueno. La batalla solo se gana cuando nos preparamos para la guerra, nos armamos con la verdad y estamos listas para pelear la buena batalla de la fe.

EL CAMPO DE BATALLA DE TU MENTE

La mayor batalla que deberás pelear cada día empieza en tu mente, la batalla por tus pensamientos. Como una plaga persistente del jardín, el enemigo hace todo lo posible y cualquier cosa para hacerte caer. La batalla por tus pensamientos podrá ser invisible al ojo humano, pero está completamente lanzada ante los ojos de Dios. Y con la fuerza inigualable de Dios, esta batalla puede concluir en victoria.

El tono del relato de la Creación cambia cuando la serpiente, Satanás, entra en escena. Las primeras palabras que le dijo a la mujer, Eva, son indicadores de cómo nos enfrenta hoy en día: «¿De veras Dios les dijo...?» (Génesis 3:1). Sus tácticas no han cambiado: sigue tentándonos a dudar de Dios y cuestionar su bondad, su verdad y su amor.

El enemigo tentó a Eva metiéndose en su mente. Puso a prueba las verdades que Dios les había revelado a Adán y a Eva, y las distorsionó lo suficiente como para tentarla a creer una mentira y para que reaccionara en consecuencia. Eva se rebeló contra la orden de Dios y Adán la acompañó. La duda llevó a la incredulidad, lo cual llevó a la rebeldía, a esconderse y al intento de engañar a Dios. Satanás pensó que había ganado la batalla en el Jardín, pero le faltó ver el panorama completo.

Dios, el Jardinero supremo, interviene para pelear la batalla por ellos. No los deja para que peleen solos, como tampoco nos deja a nosotras. Le dice a la serpiente: «*Pondré* hostilidad entre tú y la mujer, y entre tu descendencia y la descendencia de ella. Su descendencia te golpeará la cabeza, y tú le golpearás el talón» (Génesis 3:15, énfasis añadido). Dios dice: «*Yo* pondré», no «Adán, tienes que hacer esto», o «Eva, arregla lo que rompiste».

Desde el principio mismo, es Dios el que evita la catástrofe. Es su Palabra la que tiene la última palabra. Alejados de Dios, Adán y Eva (y cada ser humano desde entonces, incluyéndote a ti y a mí), no pudieron ganar la guerra que Satanás declaró en el Jardín. Pero por causa de la muerte y la resurrección de Cristo, la victoria fue asegurada para nosotras. Y el Espíritu Santo nos da la sabiduría que necesitamos para pelear la lucha diaria que se llevará a cabo hasta que Cristo regrese.

YA NO SOMOS VÍCTIMAS

Echemos un vistazo a la batalla furiosa por dentro:

> Somos humanos, pero no luchamos como lo hacen los humanos. Usamos las armas poderosas de Dios, no las del mundo, para derribar las fortalezas del

> razonamiento humano y para destruir argumentos falsos. Destruimos todo obstáculo de arrogancia que impide que la gente conozca a Dios. Capturamos los pensamientos rebeldes y enseñamos a las personas a obedecer a Cristo.
>
> 2 CORINTIOS 10:3-5

Somos seres humanos que pelean una guerra, pero no luchamos como lo hacen los humanos. Esta batalla es por el alma humana y se produce a un nivel cósmico. Nosotras peleamos con las armas de Dios y sus armas prevalecerán. El apóstol Pablo describe la guerra en la que estamos involucradas, diciendo que no es contra «enemigos de carne y hueso, sino contra gobernadores malignos y autoridades del mundo invisible, contra fuerzas poderosas de este mundo tenebroso y contra espíritus malignos de los lugares celestiales» (Efesios 6:12). ¿Captas eso? La guerra no es contra tu amiga, tu esposo, tu vecino o tu pariente. Es una batalla contra «este mundo tenebroso»; es una guerra espiritual que solo pueden ver los ojos del corazón.

Romanos 8:37-39 arroja luz sobre nuestra posición en esta pelea como hijas de Dios compradas con sangre:

> En *todo esto* somos más que vencedores por medio de aquel que nos amó. Pues estoy convencido de que ni la muerte ni la vida, ni los ángeles ni los demonios, ni

> lo presente ni lo porvenir, ni los poderes, ni lo alto ni lo profundo, ni cosa alguna en toda la creación podrá apartarnos del amor que Dios nos ha manifestado en Cristo Jesús nuestro Señor.
>
> NVI, ÉNFASIS AÑADIDO

En las dificultades, en la aflicción, en el peligro somos «más que vencedoras por medio de aquel que nos amó».

Ante cualquier cosa que enfrentemos (incertidumbre, incomodidad, añoranza o dolor), ¡prevaleceremos por medio de Cristo! No estamos indefensas; no estamos desesperanzadas. Por medio de Cristo, no tenemos que vivir como víctimas de Satanás, de nuestras circunstancias o de nuestros pensamientos rebeldes. Somos vencedoras por medio de *el* Vencedor.

A pesar de que estamos metidas en una guerra de alcance eterno, no solemos verla como una batalla. Nos rendimos ante nuestro enemigo por miedo, o no peleamos porque no la tomamos en serio. Para pelear con éxito, primero tenemos que saber qué está sucediendo (y cómo terminará todo esto). Cristo ha dejado claro que, si estamos en él, ya no somos víctimas; somos victoriosas: «¡Pero gracias a Dios, que nos da la victoria por medio de nuestro Señor Jesucristo!» (1 Corintios 15:57, NVI).

LA VERDAD, CON *V* MAYÚSCULA

Después de mi primer ataque de pánico, caí en espiral hacia el abismo de la desesperación. ¿Cómo era posible que yo, una cristiana desde hacía casi veinte años, luchara contra un miedo paralizante, una depresión tan siniestra y unos pensamientos rebeldes? Estaba débil, exhausta y ansiaba la verdad.

Cuando me miraba al espejo, veía varias «verdades» sobre mi vida: estaba quebrantada, estaba desanimada, tenía ataques de pánico y no sabía qué hacer. Estos hechos eran la única realidad que podía ver cuando la oscuridad ocultaba el rostro de Dios. Las mentiras se habían arraigado profundamente en mi alma, ahogando el fruto bueno de la verdad.

Pero, poco a poco y a lo largo de esta época, Dios me enseñó la diferencia entre la verdad con «*v* minúscula» (las mentiras convincentes del diablo) y la Verdad con *V* mayúscula, que trae libertad. La verdad con «*v* minúscula» dice que el cáncer será el fin de tu historia. Los exámenes fueron realizados y el diagnóstico es definitivo. La verdad con «*V* mayúscula» dice que Cristo derrotó el poder de la muerte y que, un día, toda enfermedad dejará de existir (ver Apocalipsis 21:4). Cuando eres débil, eres fuerte en él y sana de la enfermedad mayor, que es el pecado (ver 2 Corintios 12:9-10). Dios no te dejará ni te abandonará en esta prueba y te ayudará a resistir (ver Deuteronomio 31:6).

La verdad con «*v* minúscula» dice que estás atrapada por los ataques de pánico y por el miedo. Tu quebranto te avergonzará y nunca te recuperarás. La Verdad con «*V* mayúscula» dice que Dios es más grande que todo lo que temamos en esta vida (ver Isaías 41:10). Somos sostenidas por los brazos eternos de

Dios y no somos definidas por la ansiedad (ver Deuteronomio 33:27). Somos libres en él (ver Juan 8:32; Gálatas 5:1).

La verdad con «*v* minúscula» dice que tu cuenta bancaria está quedándose sin dinero, y que no podrás mantener a tu familia. La Verdad con «*V* mayúscula» dice que Dios es el dueño del ganado de mil colinas y que él te proveerá, en la medida que confíes en él (ver Salmo 50:10; Proverbios 3:5-6).

La Palabra de Dios contrarresta las mentiras que llenan nuestra mente. La conclusión es que la Verdad con «*V* mayúscula» prevalece cuando el enemigo te derriba y trata de engañarte, desanimarte y derrotarte.

PREDÍCATE LA VERDAD A TI MISMA

Las mentiras que están en nuestra mente contradicen constantemente la verdad, las promesas y la provisión de la Palabra de Dios. Si los pensamientos que atraviesan nuestra mente fueran expuestos en una pantalla para que todos los vieran, imagino que algunos de los más recurrentes serían:

Soy un fracaso.
Soy una desilusión.
No puedo hacer esto.
Nunca seré libre.

Estos pensamientos crean surcos profundos en nuestra mente pero no tanto como para que la verdad de Cristo no los pueda reencauzar. En Romanos 12:2, Pablo exhorta: «No imiten las conductas ni las costumbres de este mundo, más bien dejen que Dios los *transforme* en personas nuevas al cambiarles la manera de pensar. Entonces aprenderán a conocer la voluntad de Dios para ustedes, la cual es buena, agradable y perfecta» (énfasis añadido). La palabra griega para *transformar* (*anakaínōsis*) se refiere a «una renovación o un cambio de corazón y de vida»[1]. En definitiva, la Palabra de Dios reprograma nuestro corazón y nuestra mente para que se concentren en lo eterno, en lugar de dejarse llevar por lo transitorio. La Palabra de Dios planta la verdad y arranca de raíz las mentiras. Despeja las sendas para la renovación y oculta las sendas que obstaculizan la paz. La llave que te liberará es conocer la Palabra de Dios al derecho y al revés.

La manera de cambiar tus pensamientos es a través de la disciplina diaria de predicarle la verdad a tu corazón. Para ser una predicadora de la verdad es necesario que conozcas los senderos de tu mente que necesitan ser reprogramados y que conozcas la verdad. Entonces, podrás sentar las bases para nuevas maneras de pensar.

Jesús dejó en claro que conocer la Verdad, con *V* mayúscula, nos hace libres (ver Juan 8:36). La verdad del evangelio, la verdad de su amor por nosotras, la verdad de la nueva vida en él: no son mensajes que tengamos que escuchar una sola vez para ser liberadas. Hay realidades que debemos recordar reiteradamente.

Tus pensamientos quizás te digan: *Soy inservible. No valgo nada. Soy una farsante*. Pero la verdad de la Palabra de Dios dice: «Soy redimida por medio de Cristo. Soy una nueva creación. Soy llamada y capacitada para vivir para su gloria» (ver Romanos 3:24; 2 Corintios 5:17; 2 Pedro 1:3).

Tus pensamientos quizás te digan: *No puedo hacer esto. No puedo prosperar frente a las dificultades*. Pero la verdad de la Palabra de Dios dice: «Tengo todo lo que necesito en Cristo. Puedo hacer exactamente lo que él me llama a hacer por medio de su fuerza» (ver Filipenses 4:13, 19).

Tus pensamientos quizás te digan: *Nunca podré ser libre. Siempre estaré atada al miedo y a la ansiedad*. Pero la verdad de la Palabra de Dios dice: «¡Es para la libertad que Cristo me ha liberado! Su paz es posible en todo tipo de circunstancias» (ver Gálatas 5:1; Filipenses 4:4-9).

Elyse Fitzpatrick escribe:

> Cuando su corazón la acusa y dice: «Eres tan inútil. ¡Mira cómo le fallaste otra vez!», usted puede decir con seguridad: «Es cierto que por mis propios méritos soy inútil, pero él me hizo completamente justa en su Hijo. Él declaró que me ama y, ahora, su amor es lo más importante que tengo. Yo creo que no dejará de amarme como no dejará de amar a su propio Hijo. Puedo empezar a servirlo otra vez porque sé que él está aquí conmigo, sosteniéndome y otorgándome su gracia»[2].

Así es como puedes predicarle la Verdad con *V* mayúscula a tu mente.

Cuando el enemigo trate de hundirte con mentiras, dudas y pensamientos rebeldes, pídele al Padre que plante su verdad en lo más profundo de tu corazón. Las palabras que piensas impactan tu forma de hablar, de vivir, de amar, de tomar decisiones y de abordar las dificultades. Los pensamientos están formados, básicamente, por palabras, y las palabras tienen más poder del que nos damos cuenta. La buena noticia es que la Palabra de Dios tiene la autoridad absoluta sobre toda palabra y pensamiento.

LA PALABRA DE DIOS COMO ARMA

Solía tener dificultades para separar las mentiras del enemigo de las verdades de la Palabra de Dios. Las mentiras eran ruidosas y yo me dejaba engañar por sus amenazas. La realidad de esta fortaleza se hizo más evidente cuando comencé a trabajar en el ministerio de mujeres.

El guiar a otras personas siempre saca a la luz lo que en realidad creemos sobre Dios y su Palabra. Lo que brota de nuestra boca primero fue sembrado y arraigado en nuestro corazón (ver Lucas 6:45). Mis palabras, mis pensamientos y mis sentimientos revelaban lo que en realidad creía yo, y mis dudas en cuanto a la Palabra de Dios eran cada vez más evidentes. No mucho después de que comencé un emprendimiento pequeño, con el único propósito de capacitar a las mujeres para que conocieran más a Jesús por medio de la Palabra, me di cuenta de lo poco que en realidad creía en la Biblia. Hubiera dicho que era verdad, pero no me había convencido de cómo era verdadera para mi realidad diaria.

Luego de que aparecieron mis ataques de pánico, tuve que tomar una licencia del ministerio para descansar, buscar orientación terapéutica, afianzarme en la Palabra y volver a evaluar mis objetivos y mis prioridades. Fue durante esta época oscura y solitaria que la identidad de ser un «fracaso» quedó tatuada en mi corazón. Sentía que había fallado como cristiana y como seguidora de Jesús. El enemigo estaba saboteando mi identidad en Cristo, y yo no sabía cómo defenderme.

Durante esa época, leí una cita de Martyn Lloyd-Jones que marcó un cambio radical para mí: «La mayor parte de la infelicidad que sientes en tu vida se debe al hecho de que te estás escuchando a ti mismo, en lugar de hablarte a ti mismo»[3]. Cuando escuchaba las mentiras del enemigo, caía profundamente derrotada. Pero cuando me predicaba a mí misma y le recordaba a mi alma la verdad infalible de Dios, podía mantenerme firme y segura (ver Salmo 42:5).

Hubo momentos de esa época sombría en los que quise dejar completamente el ministerio. Mis fracasos eran tan patentes, que me sentía descalificada para compartir a Jesús con otros. Pero, como era evidente que la vida no me estaba resultando más fácil por escuchar las mentiras del enemigo, decidí aceptar el consejo de Martyn Lloyd-Jones y empecé a responderle a mi alma con la verdad. En lugar de regodearme en la idea de que yo era una fracasada, me puse a memorizar 2 Corintios 12:9-10 y a recitarme a mí misma que la fortaleza de Dios se perfecciona en mi debilidad.

Me escribía el recordatorio en la mano para poder verlo durante el día. Lo anotaba en una tarjeta para llevarlo conmigo dondequiera que lo necesitara. En lugar de dejar el ministerio, derrotada, decidí dejar de creer en las mentiras del enemigo. Dejé de tratar de ser perfecta. Dejé de esforzarme para impresionar a los demás. Con el tiempo, Dios transformó mi visión de fracaso y me mostró que su fortaleza siempre está disponible en mi debilidad y que su rescate es inminente.

Dios no nos llama a abandonar la lucha por nuestra mente, pero sí nos pide que dejemos de pelear con nuestra fuerza. Él nos entregó el arma que necesitamos para experimentar la victoria: la Palabra de Dios. Y, cada día, debemos predicarle a nuestra alma esta Verdad, con «*V* mayúscula».

GANAS PORQUE ÉL GANÓ

El ministerio y la vida de Jesús estaban llenos de palabras, y cada una de ellas tenía poder. ¡Hoy en día, contamos con su Palabra y tenemos a mano todo el canon de las Escrituras, desde Génesis hasta Apocalipsis! Estas palabras no son solo tinta impresa en una hoja. Tienen corazón; laten con vida propia. Dicen la verdad y enseñan cuál es el camino a la victoria: únicamente por medio de Cristo.

Si quieres ser una luchadora en la batalla espiritual cósmica y una mujer cultivada en su Palabra en un mundo reseco, tienes que depender completamente de Jesús y conocer su Palabra. A veces, desearás darte por vencida porque tus sentimientos gritarán más fuerte que tu fe. Tendrás días en los que te meterás en un agujero y no te darás cuenta hasta que todo se ponga oscuro y debas gritar pidiendo ayuda. Pero no tienes que pelear esta batalla preguntándote cuál será el resultado.

Puedes pelear desde la victoria de Jesús.

Cuando el apóstol Juan estaba exiliado en la isla de Patmos, recibió de Jesús una revelación de los tiempos finales y la registró en lo que llegó a ser el libro de Apocalipsis, las últimas palabras de las Escrituras. A lo largo de este libro, vemos el despliegue de la última batalla cósmica, cuando el enemigo será derrotado para siempre y Cristo será exaltado en su trono. Poco antes de la derrota definitiva de Satanás, se ve a Jesús sentado sobre un caballo blanco. Él es «Fiel y Verdadero, porque juzga con rectitud y hace una guerra justa. [...] Llevaba puesta una túnica bañada de sangre, y su título era "la Palabra de Dios"» (Apocalipsis 19:11, 13).

Jesús, la Palabra, ha ganado la guerra. El fin del enemigo está llegando y es inamovible. Un día, Satanás será lanzado al lago de fuego, y Cristo se sentará en su trono para siempre (ver Apocalipsis 5:13; 11:15; 20:10).

Por lo tanto, pelea con confianza la batalla por tu mente, sabiendo que ganarás porque Jesús ya ganó. Su Verdad con «*V* mayúscula» es la que la conduce a una vida de victoria.

LA MUJER CULTIVADA

EN SU PALABRA CAPTURA

SUS PENSAMIENTOS REBELDES

Y LOS AJUSTA

A LOS CAMINOS DE JESÚS.

TERCERA PARTE

EL CAMINO

Los justos florecerán como palmeras y se harán fuertes como los cedros del Líbano; trasplantados a la casa del SEÑOR, florecen en los atrios de nuestro Dios. Incluso en la vejez aún producirán fruto; seguirán verdes y llenos de vitalidad. Declararán: «¡El SEÑOR es justo! ¡Es mi roca! ¡No existe maldad en él!».

SALMO 92:12-15

JESÚS, EL CAMINO, nos guía a cada paso de nuestro recorrido siguiéndolo a él. Mediante su vida, somos invitadas a florecer en el lugar donde fuimos plantadas. Él nos conduce por los valles, nos ama durante las dificultades y nos levanta cuando somos débiles.

El camino de Jesús es el camino de la vida que florece y prospera. El crecimiento en la vida cristiana siempre lleva a la abundancia. Pero no necesariamente es como la definición que tiene el mundo sobre la abundancia. Las Escrituras dicen claramente que fuimos salvas por gracia, mediante la fe en Jesús (ver Efesios 2:8-9). Es por la gracia de Dios que somos plantadas y arraigadas en la tierra del evangelio. Es mediante la fe que seguimos creciendo en él. Y es la gracia de Dios la que moldea nuestra manera de vivir y lo que hacemos con nuestra vida. Hemos sido creadas por Dios para seguir el camino de Jesús y para salir a caminar la vida cotidiana con nuestra fe (ver Efesios 2:10).

El camino de Jesús se ejercita en la obediencia de todos los días. El evangelio no es la Buena Noticia tan solo el día de nuestra salvación; es la Buena Noticia todos los días y nos impulsa a avanzar por fe. Seguir a Jesús, el Camino, afecta nuestra manera de vivir, nuestra toma de decisiones y considera nuestro sufrimiento presente. Revoluciona nuestras metas y sueños, y renueva nuestra visión cuando enfrentamos la adversidad. Se ve en nuestra forma de servir a los demás, en cómo los amamos y usamos nuestro tiempo. Es evidente en nuestras ambiciones, planes y búsquedas. La mujer cultivada en su Palabra sigue el camino de Jesús. Florece para la gloria de Dios cuando lo sigue fielmente y prospera cuando comparte el evangelio con otros, por medio de sus palabras tanto como con sus hechos.

Sigue el Camino

¿Qué camino sigo?
¿Qué pasos debo dar?
¿Y si tomo el camino incorrecto
o me equivoco trágicamente?

¿Si voy detrás de la voz equivocada
y elijo la senda errada?
¿O si tomo la decisión desatinada...
y sufro las consecuencias?

Estas preguntas siguen dando vueltas,
y el miedo me desconcierta.
Tú me llamas dulcemente, y dices:
«Ven y acércate».

Sigue el Camino
que tomó Jesús:
el camino de la cruz,
el camino de la vida bien aprovechada.

El Camino de Jesús
es un camino angosto.
Pero cuando lo emprendas,
te llevará a casa.

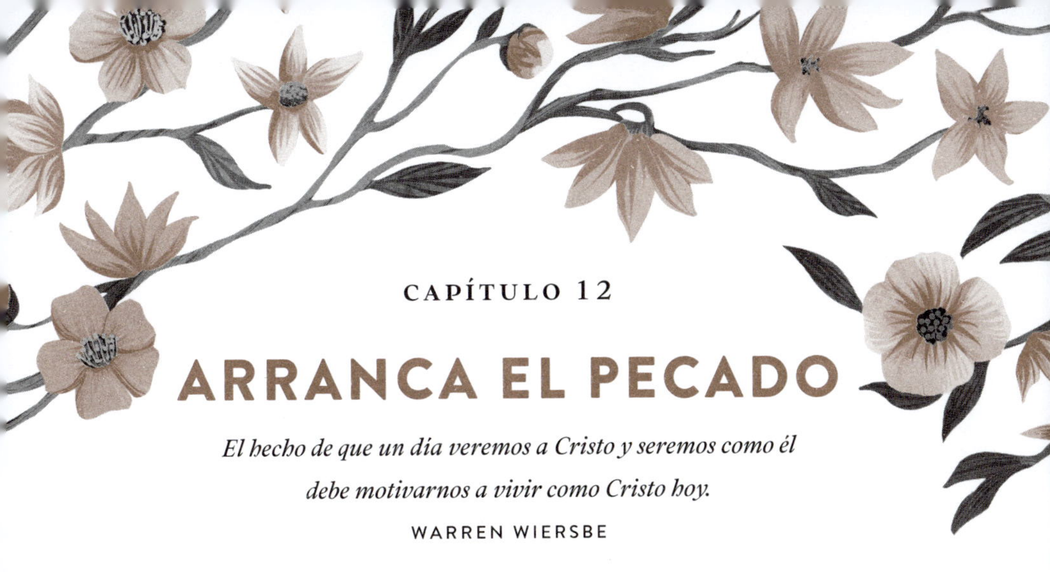

CAPÍTULO 12

ARRANCA EL PECADO

El hecho de que un día veremos a Cristo y seremos como él debe motivarnos a vivir como Cristo hoy.

WARREN WIERSBE

La historia de una mujer sedienta

Con hambre de conocer la Palabra de Dios y obedecerla, se dispuso a vivir con propósito y a la perfección. *Hoy*, pensó, *será el día que obedeceré a Jesús y lo haré como se debe*. A media mañana, ya había hablado mal de una colega, se había quejado de su viaje al trabajo y, por miedo, había evitado compartir su fe. Se sentía totalmente fracasada, como se había sentido el día anterior. Al mediodía, le contó a una amiga lo mal que estaba resultando su día. Su amiga le respondió con este recordatorio oportuno: «La gracia de Dios es más grande que tu mala actitud. Es mayor que cualquier error que hayas cometido. Él no te pide que te limpies antes de acercarte al trono de la gracia. Se inclina y se encuentra contigo ahí mismo, donde estás. Mientras lo busques, él seguirá arrancando el pecado para que cada día te parezcas más a él. Cuidado con la brecha entre donde estás ahora y donde estarás; confía en él a cada paso que des». En otras palabras, su recorrido no ha terminado aún porque Jesús siempre está obrando.

CUANDO ERA PEQUEÑA, si me hubieras preguntado qué quería ser cuando fuera grande, la respuesta habría variado, dependiendo del día. La extensa lista de profesiones que deseaba practicar incluía (aunque no en este orden en particular): recolectora de residuos, empleada doméstica, mesera de Sonic, diseñadora de modas, misionera en otro país, maestra de escuela primaria, entrenadora de delfines y, siempre, madre.

Mis labores actuales reflejan esta lista de maneras muy diferentes. Soy la recolectora de todos los contenedores de basura de la casa, la que barre las migas del piso, la mesera de mi familia durante las comidas, la proveedora del guardarropa de mis hijos, una misionera para Jesús donde estoy, y la entrenadora y maestra de estos chiquitos (que probablemente se parezcan a los delfines en ciertas ocasiones).

El lugar donde estoy no es donde imaginaba que estaría. Pero, tal vez, lo más significativo es que quien soy ahora no es quien pensaba que sería. La vida rara vez (si es que alguna) sigue los planes que trazamos a uno, cinco o diez años. Con el paso del tiempo, no solo cambian nuestros planes, sino que *nosotras* cambiamos.

No eres la misma persona hoy, que la que eras de niña o hace diez años; ni siquiera, quien eras ayer, si vamos al caso. Estás en constante cambio y, para la mujer que sigue a Jesús, esta es una buena noticia.

EN DESARROLLO

Al comienzo del día, me propongo ser todo lo que debo ser, hacer todo lo que planeé y ser de impacto en las personas que tengo alrededor. La mayoría de las veces, cuando llego a la noche, reflexiono sobre el día y me pregunto: *¿A dónde se fue el día? ¿Cómo hice para desviarme tanto?* Lo cual, entonces, me lleva al conocido grito de desesperación: «Señor, ¿cómo podrás usar este desastre que he hecho?».

Si tengo que ser completamente sincera, la vida adulta no es tan emocionante como pensaba que sería. Lo que no me di cuenta en mi juventud inocente es que «el tiempo trae cambios y el cambio lleva tiempo»[1]. La vida no está hecha únicamente de momentos destacados o instantes de inspiración; también incluye valles, desiertos y caminatas largas y monótonas de un lado a otro. Hasta los gigantes espirituales de la historia han tenido su porción de monotonía diaria y de santificación del alma.

El apóstol Pablo batalló contra su pecaminosidad: «¡Soy un pobre desgraciado! ¿Quién me libertará de esta vida dominada por el pecado y la muerte?» (Romanos 7:24). En su lucha cotidiana, Pablo llegó a entender la gracia y la salvación de Jesucristo. Elisabeth Elliot, misionera en Ecuador y autora prolífica, también tuvo su cuota de luchas. Después de que su esposo Jim fue asesinado, Elisabeth siguió siendo misionera en Ecuador y compartiendo el evangelio con los hombres que habían matado a su marido. Luego, Elisabeth se casó con un hombre llamado Addison Leitch, quien fue diagnosticado con cáncer y murió apenas tres años y medio después de su casamiento[2].

Tanto el apóstol Pablo como Elisabeth Elliot fueron seres humanos imperfectos y en desarrollo. Sufrieron, se hicieron preguntas, lucharon y se esforzaron. Pero vivieron para el único ser humano perfecto que haya vivido: Jesucristo. Dios usó cada dificultad y cada prueba que enfrentaron para mostrarles su fidelidad imperecedera. Nosotras tendemos a fijarnos en los momentos destacados, pero lo que los llevó hasta ellos fue una larga y agotadora caminata en ascenso.

Gran parte del trabajo de jardinería sucede en los momentos rutinarios y poco glamorosos: quitar la maleza, cultivar, cuidar. De manera similar, nuestra fe no crece tan solo en los grandes momentos; la cuidamos a diario con actos pequeños de fidelidad y obediencia (a menudo, invisibles). El objetivo de ser fieles no es que nos pongan en un pedestal, sino engrandecer a Cristo, el único ser humano perfecto. Cuando deseamos la perfección para que los demás nos elogien, perdemos de vista el conocer a Jesús, que es perfecto. Pero cuanto más procuremos conocer a Cristo y deleitarnos en su perfección, más seremos transformadas a su semejanza. Esto no sucede de la noche a la mañana; es un proceso de momento tras momento, día tras día, llamado santificación.

A menudo, desearía que Dios apurara su obra de santificación para que yo no tuviera que enfrentar los pecados que me asedian ni los deseos egoístas. Pero Dios no trabaja según mi cronograma y no obra de la manera que pienso que debería (ver Isaías 55:8-9). Mientras vivamos en esta tierra, habrá una brecha entre lo ideal y lo real, entre lo esperado y lo que sucede ahora mismo. La industria de la autocompasión es una industria multimillonaria con razón. Como seres humanos, estamos claramente conscientes de nuestro quebranto, de nuestra condición de personas caídas y de nuestro fracaso en estar a la altura. Queremos hacer cualquier cosa que podamos por salvar la situación y convertirnos en la «mejor versión de nosotras mismas». Y queremos llegar a ese punto de la manera más rápida y menos esforzada posible.

Fuimos programadas para desear la transformación. Pero, cuando nos desviamos del curso, buscamos ayuda, sanidad y plenitud en los lugares equivocados. Nos ponemos metas anuales, vamos al gimnasio y controlamos nuestro tiempo en un esfuerzo por cambiar, pero seguimos sintiéndonos estancadas. No somos seres humanos estáticos. Sea que lo intentemos o no, cambiamos todos los días, para bien o para mal. Por la excepcional gracia de Dios, podemos cambiar para ser más parecidas a Jesús (ver 2 Corintios 3:18). Esta transformación no ocurre con rapidez: requiere de nosotras cada vez que respiramos y de la acción del Espíritu Santo en nuestro corazón.

No importa cuántos días vivas, eres una obra en desarrollo cada uno de ellos. Mientras buscas a Jesús en tu vida diaria, lento pero seguro, él santifica tus deseos para que puedas reflejar su imagen al mundo que te rodea. Algún día, la parcela descuidada del huerto de tu vida será completamente transformada, pero ese día no llegará hasta que respires por última vez y entres en la gloria. Por el momento, la mujer cultivada en su Palabra acepta el proceso de santificación (a veces, doloroso), sabiendo que es el camino para reflejar la imagen del Creador.

CUIDADO CON EL HUECO

Hace muchos años, en un viaje a Londres, a mi mamá y a mí nos intrigó el lenguaje utilizado en el sistema de transporte público; específicamente, la frase «*Mind the gap*» (Cuidado con el hueco). Esta frase fue introducida en el subterráneo londinense en 1968 para advertir a los pasajeros sobre el hueco por encima del cual pasarían al abandonar la plataforma para subir al tren[3]. La frase no tardó en hacerse popular, y ahora se usa en todo el mundo para advertirles a los pasajeros que tengan cuidado dónde pisan.

Lo mismo se aplica a la vida del creyente. Desde el momento que somos salvas, somos santificadas. La palabra *santificado* significa «hecho santo» o «separado». La santificación es una doctrina cristiana básica que debería llenar nuestro corazón de fe, paz y seguridad. Apartadas de Jesús, estamos muertas en nuestro pecado, enemistadas con Dios, objeto de su enojo (ver Efesios 2:1-3). Sin la sangre de Jesús, no hay nada que podamos hacer para ganar la salvación, limpiar nuestros actos o convertirnos en la «mejor versión de nosotras mismas». Nos convertimos en hijas de Dios no por mérito propio, sino por causa de su misericordia.

Pero la santificación no es un acontecimiento único; es el proceso continuo de crecer pareciéndonos más a Jesús. Hay un hueco entre quién somos ahora y en quién nos transformaremos en Cristo. El hueco entre el lugar donde estamos y donde queremos estar solo puede ser superado mediante la Cruz. Ningún libro ni programa de autoayuda podrá lograrlo. Con la ayuda del Espíritu Santo, somos santificadas y eso es mejor que cualquier libro de autoayuda.

Los teólogos identifican dos tipos de santificación clave para la vida cristiana: la santificación posicional y la santificación progresiva.

La santificación posicional

Para la persona creyente en Cristo, la santificación posicional señala su situación como santa, libre de culpa y justa. En otras palabras, cuando sigues a Cristo, confiesas tus pecados y crees que Dios te resucitó de los muertos, la sangre de Jesús te limpia de todo pecado pasado, presente y futuro (ver Romanos 10:9; 1 Juan 1:7). ¡Estás completamente cubierta por el sacrificio de Jesús en la cruz! Ya no estás muerta en tus pecados; estás viva en Cristo por el poder de su resurrección de entre los muertos (ver Romanos 6:8-11).

Como hija de Dios eres llamada, apartada y santificada ante sus ojos. «Desde el momento que confían en Cristo», explica el

Dr. Duncan Rankin, «los nuevos creyentes son llamados "consagrados", "santificados" y "santos" porque son distintos al resto, unidos a él por la fe y por el Espíritu»[4]. La santificación posicional empieza en el momento en que eres salva por la fe en Cristo.

¡Esto tiene consecuencias drásticas para la vida cultivada en su Palabra! Significa que estás libre del dominio del pecado. Estás libre de los fracasos del pasado, de las luchas del presente y de los tropiezos futuros. Estás libre de tu incompetencia, libre de tu inseguridad y libre de tu insuficiencia. Eres libre en Cristo. Esto es un hecho, una verdad inequívoca.

Sin embargo, para vivir tu libertad en plenitud es necesario que, día a día, tomes la decisión de asumir la realidad de la obra del Espíritu Santo. Fuiste hecha nueva, santa y libre en Cristo, pero cada día el Espíritu sigue santificándote y reflejándose en tus pensamientos, tus actos, tu trabajo y tus relaciones. Esto nos lleva a la santificación progresiva.

La santificación progresiva

La santificación progresiva es el punto donde el «Cuidado con el hueco» entra en la vida cristiana. Es el aspecto «ya pero todavía no» de la fe. Así como ya fuiste santificada porque la sangre de Jesús te cubre, también estás llamada a esmerarte por la santidad, a aceptar la santificación diaria de Dios: arrancar continuamente la maleza que desplaza el fruto bueno en tu alma (ver Hebreos 12:14).

Eres santa en Cristo, pero también estás *volviéndote* santa mientras procuras llevar adelante una vida obediente, llena de gozo y que honra a Dios. Al reconocido profesor en formación espiritual, Dallas Willard, se le atribuye haberlo expresado de la siguiente manera: «Lo más importante en su vida no es lo que hace, sino en quién se convierte. Eso es lo que se tendrá en cuenta en la eternidad». La meta del cristiano (el propósito de la mujer cultivada en su Palabra) es parecerse cada vez más a Jesús, a cada momento de cada día.

De este lado de la eternidad, nunca vivirá la vida a la perfección. Jamás. Pero conoces al que es perfecto y puedes esmerarte por alcanzar la santidad a través de su gracia y su habilitación. Respira hondo y asimila esa verdad.

La santidad es una posición para el creyente, pero también es un ejercicio diario. Estarás arrancando malezas hasta el día que te encuentres con Jesús. Aprender a aceptar de buena manera el proceso de santificación y «Tener cuidado con el hueco» entre el lugar donde estás y donde Dios está llevándote es algo que te causará gozo en cada época.

¿FELICIDAD O SANTIDAD?

En su libro *La búsqueda de la santidad*, Jerry Bridges describe la santificación como caminar «en obediencia, no en victoria»[5]. La primera vez que leí esto fue como un golpe en el estómago. Dios nos llama, ante todo, a obedecer su Palabra. Tendemos a enfocarnos tanto en la victoria y en el dominio de nuestros pecados y defectos, que, en el ínterin, nos perdemos a nuestro

Salvador. Nuestro enfoque en la victoria se vuelve egocéntrico, en lugar de enfocarnos en Cristo. Deseamos la perfección por encima del que es perfecto.

Soy culpable de esto de los pies a la cabeza. Recuerdo que, aun de niña, deseaba complacer a todo el mundo y ser perfecta a los ojos de la gente. Si metía la pata, aunque fuera en lo más mínimo, me hundía en la frustración y decidía que no dejaría que volviera a suceder. Ahora estoy en mi tercera década de vida y el deseo rabioso de no arruinar las cosas sigue librando una guerra en mi alma, y me distrae del foco en Dios. Pero él usa todas las cosas, hasta mis errores, para hacerme más parecida a él. A medida que saca a la luz mi naturaleza pecadora y vuelve mi corazón hacia él, descubro la verdadera felicidad. Ser feliz es, básicamente, ser santificada ante los ojos de Dios.

La cultura dice que busquemos la felicidad y la religión dice que busquemos la santidad, pero Cristo dice que busquemos las dos cosas porque, en definitiva, podemos encontrar ambas en él. La verdadera felicidad se encuentra únicamente en Dios, y la santidad se hace posible mediante el sacrificio de Jesús en nuestro lugar.

No tienes que elegir entre la santidad y la felicidad. Vivir una vida santa y apartada no significa perderse las cosas divertidas de este mundo y nunca ser felices. De hecho, ¡es exactamente lo opuesto! ¡Significa que serás liberada de la felicidad frívola y efímera porque el fundamento de tu felicidad estará en Dios, la fuente primordial de felicidad! Buscar la santidad es buscar la felicidad, y buscar la felicidad es, en definitiva, buscar la santidad. La Cruz es el puente entre tu pecaminosidad y la santidad de Dios, y es el medio para la felicidad verdadera.

LENTA PARA FLORECER

Cuando mis hijos tenían cuatro años y un año, mi esposo y yo perdimos a nuestro tercer bebé. Yo no sabía que un aborto espontáneo pudiera doler tanto (física, espiritual y emocionalmente). Dos días después de celebrar Acción de Gracias con mis suegros, sentí un cambio en mi cuerpo y un miedo oscuro asaltó mi corazón. Empecé a tener pérdidas y, en el fondo, supe que perdería el embarazo.

En pocos días estaríamos en casa, y yo tenía una consulta programada para nuestra primera ecografía. Cuando las contracciones irrumpieron en mi cuerpo y el sangrado continuó, mis náuseas de embarazo desaparecieron. Ese martes, cuando llegué al consultorio médico, la ecografía mostró un útero vacío.

La pérdida fue espantosa porque mi cuerpo padeció dolores más profundos de los que creía posible. A veces, el duelo me parecía insoportable, aunque también me entumecía. Pasé de la emoción por nuestro tercer bebé a quedar estupefacta por este aborto natural inesperado. Al principio, me inquietaba compartir la pérdida dolorosa que estábamos experimentando, pero también sabía que no podía (ni debía) transitarla sola. Les mandé mensajes de texto a algunas de mis amistades y de mis consejeros para que acompañaran a mi familia en oración y, de inmediato, empezaron a cuidarnos de maneras sentidas y tangibles.

Cuando por fin compartí en público de nuestra pérdida, Dios me abrió los ojos a la gran cantidad de personas que habían transitado una experiencia similar. Nuestros amigos escribieron mensajes de aliento que me emocionaron, y muchos de ellos nos trajeron comidas o enviaron regalos atentos para recordar a nuestro tercer bebé. Una provisión específica sirvió como un poderoso recordatorio de cómo nos cuidaron nuestros amigos, y del proceso continuo de la santificación.

En un primer momento, cuando recibí el paquete que me enviaron dos cariñosas hermanas en Cristo, me sorprendió encontrar adentro una maceta, un disco de tierra y el bulbo de una flor de azucena. Me entusiasmaba la idea de cultivar una azucena, pero también temía fracasar. Tenía la sensación de que mi cuerpo me había fallado al no dejar crecer ni retener a nuestro hijo, y no podía soportar la idea de tratar de cultivar una flor y tampoco ser exitosa en eso. Si bien el doctor me había asegurado que el aborto espontáneo no fue por causa de un defecto en mi cuerpo, todavía tenía miedo de no poder volver a cuidar una vida.

A pesar del temor, planté la flor porque quería honrar el regalo. Durante semanas, la planta se vio igual. Ni siquiera quería compartir una foto de este mísero intento con las amigas que me lo habían regalado.

En su carta a la iglesia de Corinto, el apóstol Pablo describió el proceso de la santificación progresiva: «Todos nosotros, que con el rostro descubierto reflejamos como en un espejo la gloria del Señor, somos transformados a su semejanza con más y más gloria por la acción del Señor, que es el Espíritu» (2 Corintios 3:18, NVI). Contemplar a Cristo significa adorarlo y ser santificadas por el Espíritu Santo mientras estamos más conscientes de nuestra pecaminosidad y de su perfección. La contemplación demanda tiempo, intención y concentración. Pero cuanto más vemos la gloria de Dios en la Palabra y en Cristo, más somos transformadas. Esto, a su vez, lleva a un gozo mayor y a regocijarnos en aquel que perdona nuestro pecado.

Luego de unas seis semanas, noté que mi pequeña planta de azucena parecía haber crecido unos centímetros durante la noche. Pasó de medir tres centímetros de altura a medir diez; luego, veinte y, luego, treinta. Ahora, alcanzaba los ochenta centímetros y comenzaba a florecer, sin prisa pero sin pausa. Cada día, me quedaba mirando la punta que se estiraba hacia arriba, a la espera de advertir algún color, ansiosa por ver las flores brotar de sus capullos. Esta planta estaba convirtiéndose en lo que yo debía ser. Hay una brecha entre esta planta como bulbo y cuando está en plena floración. No puede saltearse ninguno de los pasos del camino; cada parte del proceso es necesaria. Lo mismo sucede con nuestra trayectoria de santificación.

Mi amiga Ruth Chou Simons suele decir: «No tenemos que florecer para estar creciendo», y no se me ocurre una manera mejor para describir el proceso de la santificación[6]. Mi azucena, aunque no haya florecido completamente, es un recordatorio diario de que Dios está obrando en mi corazón y en mi mente, haciéndome crecer y transformándome para que sea más parecida a Jesús. Él usa todas las cosas para lograr su objetivo: la persona que se me cruza cuando estoy conduciendo, mi hijo que insiste en comer galletitas antes de la cena, mi propia pereza, el dolor de una amiga, la lucha diaria por mis deseos de usar el teléfono. Todo esto me guía a la Cruz en busca de gracia, de misericordia y de ayuda. Estas situaciones exponen mis tendencias pecaminosas y me enseñan cómo viviría, respondería y actuaría Cristo. Llevan a un crecimiento lento y continuo.

Estos pasos invisibles son necesarios para llegar al resultado final. Hay un hueco entre el lugar donde estás y donde algún día estarás. Aprovecha el proceso de hacerte más parecida a Cristo. Eres santa y estás siendo santificada al mismo tiempo. El bulbo de la azucena era una azucena incluso antes de florecer.

OBSESIÓNATE CON LA FIDELIDAD DE DIOS, NO CON TUS PROPIAS FALLAS

Cuanto más conscientes estamos de la santidad de Dios, más consciencia tenemos de lo alejadas que estamos de la santidad. Me encanta cómo lo describe Jerry Bridges: «A medida que crecemos en el *conocimiento* de la santidad de Dios, y aunque también crezca nuestra *práctica* de la santidad, pareciera que la distancia entre el conocimiento y la práctica siempre se ensancha. Esta es la forma que tiene el Espíritu Santo de atraernos más y más hacia la santidad»[7]. A fin de cuentas, obsesionarse con el fracaso es egocéntrico y solo nos hace volver a la espiral de la decepción. En la búsqueda de la santidad y la felicidad en Dios, más bien, deberíamos obsesionarnos con su fidelidad.

Él es fiel, aunque fallemos (ver 2 Timoteo 2:13).

Él es fiel ayer, hoy y por siempre (ver Hebreos 13:8).

Obsesiónate con su fidelidad, no con tus propias fallas.

Que cada fracaso sea un recordatorio que te diga «Cuidado con el hueco», para que reconozcas que eres una obra en desarrollo y que en todo huerto productivo hay malezas que deben ser arrancadas. Cuanto más consciente estés de tu pecado, más aceptarás la gracia de Dios y te volcarás a una vida de santidad.

Cuando siembres y no veas la cosecha de inmediato, no tengas miedo a que la victoria no llegue. Simplemente, sigue obedeciendo y cuidando tu huerto, y confíale a Dios el crecimiento.

FIN DE LA CONSTRUCCIÓN

El epitafio que Ruth Bell Graham encargó para su lápida es un recordatorio ocurrente para toda persona curiosa: «Fin de la construcción. Gracias por tu paciencia»[8]. Ruth, la esposa del famoso evangelista Billy Graham, sabía qué significa tener «Cuidado con el hueco», ya que siguió a Cristo y fue haciéndose más semejante a él. Estaba muy consciente de su fragilidad humana y estaba obsesionada con la fidelidad de Cristo, a pesar de sus propias faltas.

Un día, luego de pasar junto a un letrero que indicaba a los carros de paso que la zona en construcción llegaba a su fin, le pidió a su familia que hicieran grabar esta frase en su lápida como recordatorio de que su vida había sido una obra en desarrollo. Era todo para Jesús y por Jesús.

Algún día, la construcción de nuestra alma llegará a su fin. La pregunta para ti es: ¿Qué harás mientras tanto? ¿Intentarás vivir una vida que agrade a Dios y que le muestre al mundo que te rodea que él es real y vale la pena?

Gracias a la paciencia del Jardinero, la mujer cultivada en su Palabra siempre está creciendo en la gracia.

LA MUJER CULTIVADA
EN SU PALABRA ACOGE
LA SANTIFICACIÓN,
SABIENDO QUE
ES LA ÚNICA VÍA
PARA FLORECER.

CAPÍTULO 13

GUIAR COMO SEGUIDORA

La disciplina es el sí incondicional al llamado de Dios. Cuando sé que soy llamada, requerida, dirigida hacia algo, apropiada por, conocida y que han actuado sobre mí, he escuchado al Maestro. Me pongo a su disposición con alegría, completamente y para siempre, y a cualquier cosa que él diga mi respuesta será sí.

ELISABETH ELLIOT

La historia de una mujer sedienta

Miró alrededor para ver qué estaban haciendo todas las demás y decidió imitarlas. Deseaba desesperadamente guiar a quienes la rodeaban, pero su modo de hacerlo se parecía más a conformarse. Pasaba infinidad de horas tratando de cerciorarse de que estaba siguiendo las tendencias y los estilos más nuevos, y eso le generaba una sensación de vacío y de agotamiento. Había descuidado lo más importante: pasar tiempo con Jesús, aprender su modo de vida. Luego de años de vivir a la moda y obsesionada por lo último de lo último, lo tenía todo, pero había olvidado quién era. Estaba a punto de descubrir que seguir a Jesús de todo corazón la haría verse distinta, actuar distinto, pensar distinto y sentirse distinta. Y eso era algo bueno.

YO QUERÍA SER COMO CUALQUIER OTRA PERSONA. Desde que tengo memoria, siempre había *alguien* a quien admiraba, alguien a quien quería parecerme en mi manera de actuar y en mi apariencia. Cuando tenía doce años, copiaba a las gemelas Olsen, como lo hacía la mayoría de las niñas en los noventa. Me hice cortar el cabello para imitar uno de sus locos peinados cortos y, cuando llegué a casa con mi nuevo peinado desmechado, le pregunté a mi papá qué le parecía. Sus primeras palabras (las cuales, evidentemente, no pensó bien), fueron: «¡Me gusta! ¡Pareces una pequeña holandesita!». Me deshice de ese peinado lo más rápido que pude.

En la escuela secundaria, quería ser popular y hacía de todo para adaptarme a mis pares. Había una chica llamada Sarah, con la que pasaba mucho tiempo. Era popular y le caía bien a todo el mundo, pero sus decisiones no reflejaban los principios de Dios. Fui amiga de Sarah durante un año, pero ese año tuvo un impacto profundamente negativo en mí. Me hizo aprender palabras que yo sabía que no debía decir y me mostró películas que sabía que no debía mirar y quedaron grabadas en mi mente mucho tiempo después de que dejé la escuela en la que nos conocimos.

Durante la preparatoria, fue Rachel. Era hermosa; la mejor animadora, con su largo cabello rubio y la ropa más moderna. Yo quería vestirme como ella, actuar como ella y parecerme a ella. Pero, por más que lo intentara, nunca lograba ser como ella. Gran parte del tiempo, me sentía como una marginada y, en el fondo, creía que no estaba a la altura de las otras chicas que me rodeaban. Mi primer desencanto amoroso fue cuando descubrí que el chico que era mi amigo y de quien gustaba, en realidad, salía con otra chica. No podía entender qué tenía de malo y dediqué muchos esfuerzos tratando de «arreglarme» a mí misma. Pensaba un montón en las piezas que faltaban en mi vida, así como pasaba por alto quién había sido Dios siempre y qué persona quería que yo fuera.

La lucha por ser como otras personas continuó en la universidad y en la vida adulta. Siempre había alguien a quien parecía irle mejor en la vida; alguien más inteligente, más talentosa, más bella. Las redes sociales no hicieron más que intensificar esa lucha. Comparamos nuestros peores momentos con los mejores momentos de los demás. Buscamos lograr que nuestros días comunes reflejen lo que vemos en un momento memorable, y nunca nos alcanza. Demasiado rápido, podemos marcar como favorita la «foto perfecta» de otro en las redes sociales y perder de vista dónde me tiene Dios.

Ahora que voy madurando, empecé a mirar otras cualidades en las mujeres que son mis modelos a seguir. Quiero imitar a mujeres que sigan los pasos de Jesús y la Palabra de todo corazón; mujeres cuya belleza irradie de su carácter, más que del corte de pelo perfecto o de su sala de estar con el diseño más hermoso. Las mejores líderes son las mejores seguidoras (las que se hicieron a un lado para que Jesús pueda destacarse). Cuando la Cruz está primero en la vida de alguien, la multitud lo nota. La mujer cultivada en su Palabra mira la Cruz (antes que a la multitud) y sigue a Cristo de todo corazón.

SEGUIDORAS DEL CAMINO

Cuando trataba de seguir a otros, mi vida se adaptaba a la de ellos, pero cuando le di prioridad a seguir a Cristo, mi vida empezó a adecuarse a la de él. Seguir a Jesús no tiene que ver con encajar en el mundo; tiene que ver con diferenciarse. Esto no es nada nuevo. Si nos remontamos a la iglesia primitiva, vemos que los discípulos aprendieron qué significaba renunciar al mundo para seguir a Cristo. Algunos discípulos perdieron el sustento, otros la reputación y otros perdieron la vida (ver Lucas 9:57-62). Fueron perseguidos, desconcertados, expulsados y desamparados, pero su gozo fue defender a Cristo, quien primero los había defendido en la cruz (ver 2 Corintios 4:7-12).

Después de que Jesús fue resucitado de los muertos, derrotando a la muerte y rompiendo la esclavitud del pecado, apareció ante los discípulos, así como a más de «quinientos de sus seguidores», para proclamar el reino de Dios y enviarlos como embajadores y testigos del evangelio (1 Corintios 15:3-10). Las últimas palabras que dijo Jesús antes de ascender a los cielos resumen la comisión a los apóstoles: «recibirán poder cuando el Espíritu Santo descienda sobre ustedes; y serán mis testigos, y le hablarán a la gente acerca de mí en todas partes: en Jerusalén, por toda Judea, en Samaria y hasta los lugares más lejanos de la tierra» (Hechos 1:8).

Los discípulos hicieron eso. De acuerdo con el desarrollo del libro de Hechos, el apóstol Lucas, quien compiló el relato, muestra metódicamente cómo fueron a Jerusalén, a Judea y a Samaria, y luego a los confines de la tierra, para compartir sobre la resurrección de Cristo. El evangelio había cautivado su corazón y ellos vivían conforme a esa verdad.

Antes de que los creyentes fueran denominados cristianos, los llamaban seguidores del «Camino». En Hechos 9:2, leemos sobre la persecución de «los seguidores del Camino». En este contexto, la palabra *Camino* remite a Jesús, quien dijo de sí mismo que era «el camino, la verdad y la vida» (Juan 14:6). Las personas que seguían a Jesús moldeaban su vida en torno a sus maneras y sus palabras. Jesús no era meramente un hombre a quien imitar; era su vida misma. Incluso frente a la persecución, sus miradas estaban fijas en su Salvador resucitado, que había vencido a la muerte y seguía conduciéndolos triunfante. No seguían solo un conjunto de normas: seguían a la persona de Jesús y llevaban a otros directamente a él.

Saulo, un importante líder judío de aquella época, se comprometió con su vida a perseguir a los seguidores del Camino. Un día, mientras viajaba, una luz del cielo se apareció frente a él. Cuando cayó al suelo, escuchó una voz que le dijo: «¡Saulo! ¡Saulo! ¿Por qué me persigues?» (Hechos 9:4). La voz que le habló era la voz de aquel a quien perseguía: Jesús, el Camino. ¡Vaya momento de cambio de rumbo!

Saulo (que luego llegó a ser conocido como Pablo), el asesino y portador de amenazas, dio la vuelta de sus caminos pasados para seguir *el* Camino. De inmediato, salió a predicar y a proclamar el evangelio que había desarmado y reconstruido su vida. El perseguidor se convirtió en el predicador perseguido. El hombre que alguna vez había incitado al pueblo a la violencia ahora guiaba a las personas al vencedor, Jesús.

El inicio del recorrido de Pablo para convertirse en seguidor del Camino demuestra que Dios puede usar absolutamente a cualquiera para engrandecer su nombre. Él llama a los quebrantados y a los rotos (a los que parecen los candidatos menos prometedores) para que crean en él y proclamen su Reino. Jesús no está limitado por nuestros antiguos pecados. Él es capaz de redimir, restaurar y renovar a toda persona que lo reciba; aun a un hombre como Pablo.

SÍGANME COMO YO SIGO A CRISTO

Vivimos en un mundo obsesionado por los seguidores. Con el crecimiento de las redes sociales, el concepto de «seguidor» ha perdido casi por completo su significado. Simplemente, hacer «clic» o presionar «seguir» se han convertido en definición de amistad, interés y compromiso, y es el reflejo de cómo muchas personas siguen a Jesús.

Cuando empecé a participar en las redes sociales, me atrajo de inmediato el señuelo de los seguidores. Comencé a establecer mi identidad en los números: me convencía la idea de que mi trascendencia determinaba mi valor. Si la cantidad de seguidores bajaba, me desanimaba, analizaba lo que había publicado. Permitía que los «Me gusta», los comentarios y la cantidad de seguidores dictaran cómo me sentía y qué cosas compartía. En cierto sentido, me había metido en la «cárcel de Instagram», y eso me impedía vivir para Cristo con plenitud y libertad. Debe ser una de las partes más desagradables de la naturaleza humana: cuánto podemos enfocarnos en nosotros mismos sin darnos cuenta.

Las redes sociales dicen: «¡Sígueme!». Los cristianos, por otra parte, dicen: «Sígueme como yo sigo a Cristo». En definitiva, la cantidad de seguidores no significa nada si no llevamos las personas a Jesús. Cada número representa a una persona y cada persona ha sido creada a la imagen de Dios. Algo que trato de preguntarme habitualmente es: *¿Hacia dónde estoy llevando a las personas? ¿A la Cruz? ¿O a la multitud que nunca está satisfecha?*

Me apena ver a las chicas que pasan la mayor parte del día con el teléfono en la mano, haciéndose selfis y creando momentos destacados mientras se derrumban por dentro. Están siempre buscando algo, preguntándose dónde pueden hallar la verdadera satisfacción. Nos demos cuenta o no, las redes sociales moldean nuestra manera de pensar, de pasar el tiempo, de actuar y de vivir. No solo nos moldean a nosotras, sino que nosotras también moldeamos a otros con las publicaciones que compartimos. En definitiva, compartimos lo que brota de nuestro corazón; compartimos lo que más atesoramos (ver Lucas 6:45).

Pablo, el inverosímil converso al cristianismo, de inmediato empezó a compartir sobre Jesús. Se volvió el escritor más prolífico del Nuevo Testamento y, a través de su testimonio, más y más personas siguieron el Camino. En su carta a la iglesia de Corinto, Pablo hizo esta declaración audaz: «Imítenme a mí, como yo imito a Cristo» (1 Corintios 11:1, NVI). Pablo sabía que las personas son rápidas para imitar la vida de otros. Él rescata esta noción de imitación, alentándonos a ser imitadores de Cristo, el único que merece ser imitado y seguido. Imitar a quienes imitan a Cristo es buscar la gloria de Dios, seguir el Camino y mostrar al mundo que este Jesús al que proclamamos no solo vale nuestras palabras; es merecedor de nuestra vida.

¿ESTÁS GUIANDO COMO SEGUIDORA?

Eres ambas cosas: seguidora *y* guía. Seas quien seas, alguien tiene en cuenta tus actos, tu discurso, tus decisiones y tu estilo de vida. Las personas observan cómo manejas las luchas de todos los días, cómo atraviesas las dificultades, cómo interactúas con otros. ¿De qué manera los guías? ¿Guías como una seguidora incondicional del Camino? ¿O lo haces como una seguidora del mundo?

En la misma línea, ¿quién te sigue? ¿Quién moldea tu vida? ¿Las personas que respetas, tanto del pasado como del presente, te guían a Jesús? No subestimes el poder de las redes a las que le prestas atención, las palabras que lees, los programas televisivos que miras y las personas a las que sigues. El efecto dominó puede afectar a las próximas generaciones.

Rechaza la mentira de que tu pasado te impide seguir a Jesús en el presente. Pablo no se enorgulleció de su pasado, pero lo usó como una oportunidad para compartir el poder del evangelio. Si hubiera dejado que sus fracasos pasados lo definieran, nunca habría compartido el evangelio. Se hubiera mantenido callado y en la clandestinidad. Pero no lo hizo. Entendió la plenitud del evangelio y no pudo quedarse callado; por eso, lo compartió enérgicamente, con valentía y sin miedo. Finalmente, eso lo llevó a la muerte (ver Filipenses 1:21). Pasó de ser un seguidor del mundo a ser un seguidor del Camino, y su fidelidad sigue guiando a personas en todo el mundo a la salvación en Cristo.

La vida bien vivida y cultivada en su Palabra es una vida que sigue a Jesús y guía a otras personas hacia él.

GUÍA DESDE LA SOBREABUNDANCIA, NO DESDE LA CONTRACORRIENTE

Francis Chan cuenta de un cristiano que dijo: «Me niego a que mi pasión pública supere mi devoción privada»[1]. Este es el secreto para guiar como una seguidora. Las apariencias externas no son nada si nuestro corazón no se define primeramente en Cristo. En un mundo que dice: «Sigue a la multitud», nosotras decimos: «¡Sigue a Cristo!». En lugar de llevar un cristianismo para aparentar, nos vestimos de Cristo y llevamos una vida de devoción privada que, a su vez, actúa sobre la abundancia de todo lo que decimos, hacemos y publicamos en las redes.

Cuando mi esposo y yo éramos novios, yo tenía un Ford Taurus destartalado que apenas andaba. Este pequeño vehículo gris ya había pasado por varios conductores antes de ser mío y me traía problemas constantemente. Al ver que el carro fallaba, Greg me ofreció llevarlo a un mecánico. Acepté con agrado su ofrecimiento, ya que hasta ese momento había evitado exitosamente llevarlo a un taller. Al día siguiente, vino con una buena noticia y una mala. La buena era que mi carro podría atrasar su muerte inminente, por un tiempo, y estaría listo y andando de nuevo. La mala: había usado mi carro desvencijado dieciséis mil kilómetros más de su habitual cambio de aceite.

Dieciséis. *Mil*. Kilómetros.

El motor estaba fundido y el carro estaba de última. El mecánico preguntó por qué no lo había llevado cuando se encendió la luz del motor. Ah, bien, la respuesta era fácil. Yo había puesto en el tablero una notita con un versículo bíblico escrito para poder memorizarlo. Nunca vi la lucecita intermitente y seguí conduciendo el carro hasta que quedó al borde de no tener arreglo… Dieciséis mil kilómetros más de su mantenimiento tan necesario. El carro funcionaba, apenas, pero algunos problemas podrían haberse evitado si yo hubiera prestado más atención.

Lo mismo sucede con nuestro andar con Cristo cuando nos enfocamos en los halagos de terceros más que en la devoción privada. Dirigimos, servimos y seguimos haciendo de todo, al mismo tiempo que descuidamos el mantenimiento periódico de nuestra alma. Vivimos la vida *para* Jesús, pero, en paralelo, dejamos pasar la oportunidad de relacionarnos en la intimidad *con* él. Las ocupaciones, la productividad, los logros y las distracciones se convierten en nuestra fuerza motora y tapan la luz intermitente que dice: «¡Cálmate! ¡Quédate quieta! Trae tu alma a mantenimiento para que puedas seguir guiando a otros a Jesús». Guiar sin combustible nos lleva a fundirnos. Pero Jesús nos invita a una vida mejor.

PON A «ÉL» ANTES QUE A «ELLA»

Si tratas de ser como los demás, quedarás agotada, vacía y reseca. Ese tipo de seguimiento hará que pierdas de vista la manera singular en que Dios te creó y los propósitos que proyecta para ti. Más allá de la etapa de la vida en la que estés, la tentación de ser como todo el mundo siempre estará presente. Siempre habrá una «ella» a quien desearás imitar. Pero cuando lo pongas a «Él» antes que a «ella», tu perspectiva cambiará completamente.

Dios no cometió un error cuando te hizo. Él no quiere que seas igual a ella; quiere que seas como Jesús. En lugar de intentar ser como otra persona, acepta el destino que Dios planeó para ti y apúrate en ir tras Jesús. Alienta a tus hermanas en sus misiones y sus carreras, pero mantén los ojos puestos en el premio, conociendo a Cristo y dándolo a conocer. Guía como seguidora y deja en sus manos el «seguimiento».

LA MUJER CULTIVADA
EN SU PALABRA SIGUE A JESÚS
DE TODO CORAZÓN,
SABIENDO QUE PARA DIRIGIR BIEN,
PRIMERO DEBE SER
DISCÍPULA DE JESÚS.

CAPÍTULO 14

LOS ENTRELAZAMIENTOS DEL EVANGELIO

Señor, ponme en el lugar correcto, en el momento correcto, con el mensaje correcto para las personas correctas.

J. SIDLOW BAXTER

La historia de una mujer sedienta

Estaba en la fila del supermercado, con el teléfono en la mano, leyendo los últimos titulares y dando golpecitos con el pie. Cuando casi había llegado su turno, dejó su teléfono para empezar a mover los productos en la cinta transportadora. Hizo una pausa porque le llamó la atención la mujer que, muy despacio, vaciaba su carrito delante de ella y notó la tristeza profunda que había en su mirada. Su corazón se conmovió; empezó a hacerle preguntas simples para conocer la historia de la mujer. Luego de que ambas pagaron sus compras, siguieron charlando camino al estacionamiento. Para cuando terminó la conversación, se había enterado de que la mujer había perdido recientemente a su padre en un accidente automovilístico y que a ella estaba costándole mucho sobrevivir cada día. Le ofreció orar por ella y, pronto, la mujer volvió a sonreír. Se preguntó cuántas veces habría inadvertido la mano de Dios entrelazándose en la vida cotidiana porque su mente estaba ocupada con otras cosas. Regresó a su casa recordando que los entrelazamientos del evangelio están en todas partes. Solo debía levantar la vista, ponerse a disposición y confiar en Dios para avanzar.

CUANDO VI A KAREN ALEXANDER DOYEL por primera vez, supe que había algo diferente en ella. Ambas asistíamos a las reuniones para líderes del ministerio de mujeres que se celebraban en Nashville y nuestro primer encuentro no fue una casualidad. Lo que me atrajo de ella no fue su aspecto físico; fue su seguridad, su semblante calmo, su carácter. Su apariencia física no tenía nada especial ni singular. De hecho, por fuera se veía bastante pequeña y frágil. Pero en sus palabras y en su presencia había una fuerza exuberante, como si hubiera peleado una batalla y todavía llevara las cicatrices de la victoria. Supe de inmediato que quería tener lo que ella tenía.

En aquella primera conversación, descubrimos que vivíamos a unos veinte minutos una de la otra en Knoxville, Tennessee. Mi marido y yo nos habíamos mudado hacía poco, y yo oraba pidiendo una guía que me acompañara durante esos primeros meses de matrimonio y de ministerio.

Cuando llegué a casa después del evento, le envié un correo electrónico a Karen preguntándole si estaría dispuesta a reunirse conmigo. Aunque solo tuviéramos una conversación, yo quería recoger de ella cuanta sabiduría me fuera posible. Respondió de inmediato que le encantaría que nos juntáramos en su casa. «¡Me entusiasma mucho pasar un rato contigo, sé que aprenderemos una de la otra!», dijo. El espíritu humilde y dulce de Karen iluminaba las palabras de su correo.

Cuando nos sentamos en su sala, supe que, efectivamente, tenía muchas cicatrices (tanto en su alma como en su cuerpo). En la época que nos conocimos, tenía un cáncer de ovarios. Pero ese no era el único horno ardiente por el que había pasado.

Años antes, su esposo, Doug, había muerto en un trágico accidente mientras acampaba con sus tres hijos varones, la víspera del año 2000. Tras la decisión impulsiva de salir a una aventura a fin de año, Doug y los muchachos empacaron sus bolsos y escalaron la montaña a oscuras. Cuando llegaron a la cima, sacaron su equipo de acampar, encendieron una fogata y contemplaron, asombrados, las estrellas titilantes sobre sus cabezas.

Doug se levantó de su silla de campamento, alzó su vista a los cielos y dijo con reverencia: «Qué Dios asombroso tenemos, que ha creado semejante belleza; no puedo imaginar a nadie que, al ver esto, no crea en el Creador»[1]. Lo siguiente que escucharon los chicos fue que su silla traqueteó y, luego, él desapareció cayendo por el costado del precipicio.

A esas horas de la madrugada, mientras sus hijos buscaban

desesperadamente a su padre, Karen estaba en su casa, despierta y con la carga de orar por sus hijos, John, Stephen y Mark. No había manera que pudiera saber que dos de sus hijos habían saltado desde el borde del precipicio en un intento por hallar a su padre, sin darse cuenta de que había una caída libre de sesenta metros.

Mark se había aferrado a la ladera del precipicio y Stephen se había sujetado a una rama de un arbolito en la pendiente de la montaña. Mientras recitaba el Padre Nuestro y rogaba por fuerza y paz, Stephen escaló cuidadosamente para volver a lo alto del acantilado, confiando en que los ángeles lo protegían de no caer. Mark también logró regresar a la cima. Por la gracia de Dios, los hijos de Karen no cayeron hasta el pie de la montaña. Pero su esposo, el amor de su vida, ya estaba en la presencia de Jesús.

Mientras me compartía su testimonio sobre la fidelidad de Dios, apreté con fuerza mi taza de café, me incliné hacia ella y contuve la respiración. Mis ojos estaban llenos de lágrimas y mi corazón latía velozmente. De pronto, no me importó más la taza de café; mucho menos, las preocupaciones insignificantes del día anterior. A medida que escuchaba hablar a Karen de la redención de Dios y la sanidad que vivió tras la desgarradora pérdida de su esposo, mi alma fue arrancada de su letargo. Yo no quería soportar la clase de pérdida que Karen había sufrido, pero anhelaba vivir la proximidad con la eternidad que ella sentía cada día.

El relato de angustia y esperanza de Karen agitó en mí el

apremio por vivir tan solo para Cristo, de aprovechar cada oportunidad para compartir de él. La misma fuerza que vi en ella cuando la conocí era la que irradiaba incluso mientras hablaba de su pérdida. A pesar de las adversidades que había enfrentado, seguía teniendo gozo y confianza en Dios, su Sustentador, e irradiaba la gloria y la bondad de Dios.

En las semanas siguientes, continuamos los encuentros para compartir la Palabra mientras bebíamos café o té en su sala. Las bebidas nunca permanecían calientes. Desde el momento en que nos sentábamos, nos poníamos a hablar enérgicamente y olvidábamos nuestras infusiones. Los momentos compartidos estaban llenos de la Palabra, pero rara vez se daban sin interrupciones. A Karen le encantaba cuando nuestra reunión coincidía con las visitas de las enfermeras a domicilio, que venían a aplicarle los anticuerpos para estimular su sistema inmunológico. Amaba que las enfermeras escucharan sobre su Dios, que había seguido siéndole fiel cuando vivió las noches oscuras del alma.

Karen alguna vez había viajado por todo el mundo, hablado en reuniones de mujeres y compartido la Buena Noticia de Cristo. Cuando su enfermedad la retuvo en su casa, siguió ministrando a las personas que tenía alrededor, aun a las enfermeras a domicilio[2].

NUESTRA MEJOR HISTORIA

El año anterior a su muerte en su última batalla contra el cáncer, le pregunté a Karen si podía grabar su testimonio por teléfono.

Ella aceptó, pero, en lugar de entrar en los detalles de sus pérdidas, hizo alarde de la fidelidad de Dios. Estaba llena de Cristo. Podría haber estado llena de todas las cosas que habían salido mal en su vida (la muerte de su esposo, el diagnóstico de cáncer de su hijo y su propia lucha contra el cáncer). Podría haberse quejado de que la vida le había jugado una mala carta y de que sufría injustamente. En lugar de eso, *se regocijaba. Alababa. Adoraba*. Quería que las personas supieran que, en medio de todo, Jesús la había sostenido y que no veía la hora de encontrarlo cara a cara.

Para mí, Karen será siempre el retrato de la mujer cultivada en su Palabra. No era perfecta y su historia no fue un cuento de hadas (al menos, no desde la perspectiva humana). Pero sus días tienen un valor eterno y su impacto todavía alcanza a personas en todo el mundo.

Estoy segura de que cada historia es problemática e imperfecta. No hay duda de que has tenido tus propios sufrimientos y desengaños. Sin embargo, hay una verdad que permanece: Jesús es nuestra verdadera y mejor historia. El evangelio se entrelaza en todos los aspectos de nuestra vida, trayendo alegría en el dolor, esperanza en el lamento y paz en el desorden. Tu historia es una oportunidad para vivir la experiencia del evangelio, predicarlo y hacerlo realidad en el lugar donde estás. Una vida empapada en el evangelio comienza con el ministerio de la fidelidad en las pequeñas cosas.

LA FIDELIDAD EN LAS PEQUEÑAS COSAS

—Si esto es lo que implica seguir a Jesús, no sé si yo pueda hacerlo —le dije a Karen por teléfono casi dos años después de que empezamos a reunirnos. Justo cuando se abrían las puertas del ministerio para compartir a Cristo con otras personas, la oscuridad de la depresión opacaba mi alma. Sentía que cuanto más me acercaba a Cristo, mayor era la guerra espiritual que experimentaba. Si seguir a Cristo significaba que la vida sería tan difícil, no estaba segura de que podría hacerlo. El ministerio se sentía como un frente de batalla, y yo estaba cansada de pelear con mis propias fuerzas.

—¡Tienes que ponerte la armadura y pelear, Gretchen! —Insistió Karen—. El enemigo *no* quiere que hables de Cristo, pero Jesús es más grande. Anuncia la Palabra en voz alta. Camina alrededor de tu casa declarándola. El enemigo tiene que huir ante el nombre de Jesús. Yo estoy peleando por ti de este lado. ¡Tenemos que ir a la batalla, hermana! —Las palabras de Karen penetraron en mi alma agotada y encendieron una lámpara de esperanza en la oscuridad.

Karen me enseñó que el verdadero ministerio no tiene que ver con la comodidad ni con la abundancia; se trata de fidelidad y obediencia. En la carta a la iglesia de Corinto, Pablo brindó un estímulo similar:

> Por esto, ya que por la misericordia de Dios tenemos este ministerio, no nos desanimamos. Más bien,

> hemos renunciado a todo lo vergonzoso que se hace a escondidas; no actuamos con engaño ni retorcemos la palabra de Dios. Al contrario, mediante la clara exposición de la verdad, nos recomendamos a toda conciencia humana en la presencia de Dios. [...] No nos predicamos a nosotros mismos, sino a Jesucristo como Señor; nosotros no somos más que servidores de ustedes por causa de Jesús.
>
> 2 CORINTIOS 4:1-2, 5 (NVI)

Para el creyente, proclamar el evangelio no es una mera sugerencia; es un mandato. El verdadero ministerio no se desarrolla únicamente en una plataforma o en un escenario, frente a una multitud. Se pone en práctica en tu casa, cuando te sientas con tu hijito y le explicas la bondad de Dios. Se ejercita cuando haces una pausa para hablar con una desconocida y compartes con ella el amor de Cristo. Se cumple cuando depones tu deseo de ser elogiada y doblas la ropa limpia por amor a Dios (ver Lucas 16:10). Comienza con un corazón firmemente enfocado en Cristo Jesús, quien fue modelo de una vida de ministerio y fidelidad.

EL MINISTERIO A SUS PIES

Jesús caminó este mundo por un total de treinta y tres años, pero apenas unos pocos están registrados en las Escrituras. Su nacimiento aparece detallado en los Evangelios como el cumplimiento milagroso de las profecías tan esperadas y sus últimos años están plasmados en detalle, pero la mayor parte de su vida no está documentada.

Esto es lo que sí sabemos de los treinta años no registrados de la vida de Jesús: fue tentado en todo sentido, pero se mantuvo sin pecado, fue fiel al Padre en todo y vivió lo que vino a predicar (ver Hebreos 4:15). Como José, su padre terrenal, Jesús fue un artesano[3]. Trabajó físicamente con sus manos y construyó con los materiales que había creado en el principio de los tiempos (ver Juan 1:1; Génesis 1:1).

En los tres años registrados de su ministerio, Jesús ministró lealmente a las personas que venían a él. Cuando caminó entre las multitudes, les prestó atención a quienes lo rodeaban, escuchó las voces que lo llamaban y observó las manos de quienes lo tocaban. Sus discípulos dependientes e impacientes interrumpían los momentos que él dedicaba a estar a solas con el Padre (ver Marcos 1:35-37). Recibió a los niños que querían subirse a su regazo, disfrutó de su presencia y les enseñó a los adultos a imitar a sus hijos (ver Mateo 18:3-4; 19:13-15). Jesús ministró a quienes se cruzaron en su camino, enseñándonos con su ejemplo cómo se hace.

Antes de afrontar la Cruz, Jesús pasó tiempo con sus discípulos, enseñándoles, preparándolos y orando por ellos. Vivió sabiendo de su muerte. Vivió con la Cruz siempre delante de él y con el mundo detrás, y amó intensamente a los que eran suyos.

Juan registra este ejemplo del amor sacrificial de Jesús:

> Jesús sabía que el padre le había dado autoridad sobre todas las cosas y que había venido de Dios y regresaría a Dios. Así que se levantó de la mesa, se quitó el manto, se ató una toalla a la cintura y echó agua en un recipiente. Luego comenzó a lavarles los pies a los discípulos y a secárselos con la toalla que tenía en la cintura.
>
> JUAN 13:3-5

En tiempos de Jesús, el lavamiento de pies era una tarea reservada para los sirvientes no judíos más humildes. La gente usaba sandalias, caminaba todo el día por caminos polvorientos y sus pies distaban mucho de estar limpios. Como siempre, Jesús puso de cabeza las normas de la cultura y les enseñó a los discípulos (y a nosotros) qué significa servir y amar. Sabiendo que iba a morir, les lavó los pies como representación de la limpieza definitiva de su alma[4]. Jesús lavó incluso los pies de Judas Iscariote, quien, al final, lo traicionaría. Nos mostró que el modo del Reino es agacharse bien abajo y servir en cada oportunidad.

Juan continúa describiendo este suceso:

> Después de lavarles los pies, se puso otra vez el manto, se sentó y preguntó: «¿Entienden lo que acabo de hacer? Ustedes me llaman "Maestro" y "Señor" y tienen razón

> porque es lo que soy. Y, dado que yo, su Señor y Maestro, les he lavado los pies, ustedes deben lavarse los pies unos a otros. Les di mi ejemplo para que lo sigan. Hagan lo mismo que yo he hecho con ustedes».
>
> JUAN 13:12-15

Los entrelazamientos del evangelio nos rodean por todas partes. Siempre hay oportunidades para arrodillarnos y lavarnos los pies unos a otros, sirviendo con humildad y sacrificio.

Elisabeth Elliot escribió la siguiente oración sincera que retrata la vida del humilde lavador de pies: «Señor, rompe las cadenas que me atan a mí misma; libérame para que sea tu esclava feliz; es decir, para que sea una feliz lavadora de pies de todo aquel que hoy necesite que laven sus pies, que cocinen su cena, que pasen por alto sus fallas, que elogien su labor, que perdonen su fracaso, que consuelen sus penas o que le cosan un botón. No me dejes suponer que mi amor por ti es muy grande si no estoy dispuesta a hacer algo muy pequeño por un ser humano»[5]. El gran amor por Dios se demuestra en nuestra disposición para hacer pequeñas cosas por él, para servir a los que tenemos enfrente y para agacharnos a lavar los pies de otro.

Ser una lavadora humilde de pies es el privilegio de la mujer cultivada en su Palabra. El servicio cristocéntrico apunta a quien servimos y seguimos. Nos distingue en un mundo en el que sentimos la presión de enaltecernos y ver cómo pueden beneficiarnos los demás.

EL MINISTERIO DEL CONTACTO VISUAL

Una vez, Karen me dijo que ella, adrede, no hablaba por teléfono cuando estaba en el supermercado. Creía que todo, incluso ir a la tienda, era una oportunidad de ser una vasija para Cristo, de orar por otros, de mirar a las personas a los ojos y darles la dignidad que merecen. En la era de la distracción, el contacto visual ya no es la norma. La gente camina con la cabeza gacha, buscando en la pantalla de su teléfono, o con los auriculares puestos, ajenos a quienes los rodean. Incluso, seguimos conversando por teléfono en la caja del supermercado y olvidamos que hay una persona real frente a nosotros a quien podemos demostrarle amor, conversar y brindarle toda nuestra atención. Por esto me pregunto cuántas oportunidades dejo pasar cada día por tener los ojos pegados a mis dispositivos digitales.

Cuando estaba en la universidad, antes de que los teléfonos celulares registraran cada momento de nuestro día, algunos amigos y yo íbamos al campus y orábamos pidiendo oportunidades para compartir nuestra fe. Recorríamos los comedores, los salones de estudio y los corredores atestados, orando por las personas que veíamos e iniciando conversaciones cuando nos sentíamos guiados a hacerlo. Nuestros encuentros no siempre fueron monumentales, pero Dios nos dio algunas oportunidades sorprendentes para compartir el evangelio, orar por los que sufrían y expresar el amor de Jesús a las personas necesitadas.

Ha pasado más de una década desde aquellos días y mi vida cambió mucho en el ínterin. Me mudé varias veces y ahora estoy casada y tengo dos hijos. Pero, aunque la vida ha cambiado, el evangelio no cambió ni cambiaron las oportunidades para compartirlo. Tengo que preguntarme: *¿Qué clase de reavivamiento sucedería si dejara mi teléfono y, en cambio, saliera a caminar para orar por mis vecinos? ¿Y si en lugar de mirar televisión o de navegar por Internet durante mi tiempo libre me esforzara por darle ánimo a alguien?* Jesús fue nuestro modelo en el ministerio del contacto visual y la presencia. Él nos enseñó que es posible hacer que cada momento sea significativo.

Cuando Jesús les enseñaba a las personas y pasaba tiempo con ellas, las miraba y les dedicaba toda su presencia y atención. No se distraía con cosas «más importantes». Y, con mirarla una vez a los ojos, la vida de la persona podía cambiar para siempre.

¿EN REALIDAD PUEDES VER?

Lucas registra un momento impactante cuando Jesús perdonó a una mujer pecadora (ver Lucas 7:36-50). Pero esta historia no se trata solo del perdón de los pecados de la mujer; también trata sobre el poder de ver a quienes nos rodean.

En este relato, Jesús estaba cenando con un fariseo. Mientras estaba reclinado, una «mujer que tenía fama de pecadora» se acercó a la casa del fariseo y llevó su frasco de alabastro con un perfume costoso para derramar sobre los pies de Jesús (Lucas 7:37). Llorando, la mujer secó sus pies con su cabello y los besó. El fariseo se horrorizó ante la demostración de la mujer y la receptividad de Jesús a su regalo. Se dijo a sí mismo: «Si este hombre fuera profeta, sabría quién es la que lo está tocando, y qué clase de mujer es: una pecadora» (versículo 39, NVI).

De inmediato, Jesús le respondió a Simón, el fariseo orgulloso y enceguecido, quien no había entendido la cuestión del momento.

> Luego se volvió hacia la mujer y le dijo a Simón: «*¿Ves a esta mujer?* Cuando entré en tu casa, no me diste agua para los pies, pero ella me ha bañado los pies en lágrimas y me los ha secado con sus cabellos. Tú no me besaste, pero ella, desde que entré, no ha dejado de besarme los pies. Tú no me ungiste la cabeza con aceite, pero ella me ungió los pies con perfume. Por esto te digo: si ella ha amado mucho, es que sus muchos pecados le han sido perdonados. Pero a quien poco se le perdona, poco ama.
>
> LUCAS 7:44-47 (ÉNFASIS AÑADIDO)

Jesús le preguntó a Simón: «¿Ves a esta mujer?». Aunque la mujer estaba en la presencia de Simón, él no la miraba como lo hacía Jesús. En su arrogancia, se inquietó y pasó por alto la oportunidad de ver más allá: más allá del aspecto de ella, a su corazón. Pero Jesús la vio, y abrió los ojos de Simón para que también la viera.

El desafío de Jesús para Simón es el mismo desafío que tiene para nosotras. ¿Tú ves?

¿Ves que las personas que te rodean están quebrantadas, vencidas y lastimadas?

¿Ves a los que necesitan amor, gracia y misericordia?

¿Ves a los hambrientos y a los desamparados?

¿Ves a la viuda y al huérfano?

¿Ves a tu prójimo?

Jesús nos enseñó que el ministerio del contacto visual y el ministerio de la presencia pueden transformar poderosamente a la persona que es vista... *y* a la que ve.

A SU IMAGEN

La mujer cultivada en su Palabra ve a todas las personas que la rodean como creadas a la imagen de Dios, o *imago Dei*. Diferencias como la edad, el origen étnico, la clase social, la profesión y la cultura quedan a mitad de camino cuando empieza a ver a las personas como creaciones únicas e intrincadas, y no como meros accidentes. La persona en la fila del supermercado, que podría ser completamente diferente a ti (en su comportamiento, su apariencia y su manera de hablar), fue hecha por el mismo Dios (ver Génesis 1:27).

Creo con todo mi corazón que nuestros días serían radicalmente distintos si empezáramos a entrar en las tiendas, en los centros comerciales, en los salones de clases, en los vestuarios y en los aeropuertos con la perspectiva de que cada persona que nos rodea está hecha a la imagen de Dios. Son personas que deben ser amadas, vistas y reconocidas. A sus pies, hay un ministerio por realizar: con tus hijos, tus alumnos, tus compañeros de trabajo, tus amigos, tu familia y aun con los desconocidos. Tienes oportunidades para «lavar los pies» de quienes te rodean, que pueden presentarse en la forma de darle una mano a alguien en la tienda, orando en el momento por una hermana en Cristo o preparando una comida casera para una familia que está pasando por una circunstancia difícil.

Eres una ministra del evangelio, una agente de la verdad, un vehículo de bendición. No te guardes el evangelio para ti misma. Compártelo de manera libre, fiel y plena, así como te fue entregado por medio de Cristo.

LOS ENTRELAZAMIENTOS DEL EVANGELIO EN UN FUNERAL

En sus últimos días en este mundo, Karen escribió una carta para sus hijos con la intención de que fuera leída en su funeral. Sabía que le faltaba poco tiempo y quiso que las horas que le quedaban y sus últimas palabras dejaran un legado perdurable. Vivió su vida para la gloria de Dios y aprovechó al máximo cada entrelazamiento del evangelio, incluso en el final. He aquí una muestra de lo que ella volcó en esa carta:

Estando sentada aquí, esta noche, tengo tanto por agradecer. Podría nombrar mis bendiciones por el resto de la noche. Siento que, por alguna razón desconocida, nuestro Dios me miró y dijo: «Vaya que amo a esta chica. ¡La bendeciré tanto que la dejaré con la boca abierta!». ¡Y lo hizo!

En cada prueba, he sentido que mi Padre Celestial me prestaba atención de una manera especial. Dispuso las circunstancias difíciles para que él y yo pudiéramos pasar tiempo juntos. Me ha sostenido en sus brazos más veces de las que puedo contar. Ha escuchado cómo se rompía mi corazón y lo ha vuelto a arreglar con su ternura, para que fuera más fuerte que nunca. Mi Padre ha dejado que mis lágrimas cayeran sobre él y las ha guardado como si fueran tesoros. ¿Cómo puedo explicar un amor tan increíble? ¿Cómo puedo describirles el gozo que tengo por la dulce manera en que nuestro Dios entró en mi vida y se hizo cargo de ella?

Si hubiera sabido de antemano, estoy segura de que habría tenido sugerencias para hacerle. ¡Puedo oírme diciéndole que no puedo, que no quiero o, incluso, que me niego a hacerlo! Ciertamente, me habría aterrado que mi confianza y mi fe en él tuvieran que crecer atravesando cada uno de los momentos difíciles.

El regalo más increíble ha sido mi Jesús y su perdón. Ay, familia querida, qué desastre he sido. Cometí algunos errores terribles. Algunos, ustedes los vieron. Algunos, los han afectado. Y otros, ruego que ustedes nunca los conozcan. Lo cierto es que [...] ¡soy completa y he sido perdonada del todo! ¿Pueden creerlo? ¡¡Es tan asombroso que esté amparada, justificada, libre de culpa e incondicionalmente amada por el Dios que hizo los cielos y la tierra!! ¿Cómo puedo proclamar mi gratitud? ¿Qué palabras pueden expresar la abundancia de gozo, felicidad y paz que recibimos con la sangre de nuestro precioso Jesús? Perdonada y autorizada para servir a nuestro Señor resucitado (es difícil de comprender, pero es cierto). ¡Él es real, está vivo y lo es todo para mí! Cuando hablo de él, se acelera mi corazón, mi energía aumenta y todo mi ser parece cantar. [...] Enseñar su Palabra, anunciar su Nombre, qué honor y qué emoción. Si tuviera las palabras, podría continuar, pero ya entienden la idea, ¿verdad?[6]

Karen fue una mujer cultivada en su Palabra. Aprovechó cada oportunidad para compartir a Jesús, como en el supermercado, en los tratamientos de quimioterapia, con sus nietos e, incluso, en su propio funeral. El legado que dejó no fue por su bondad o su perfección, sino por la bondad de Dios, que obró dentro de ella y por medio de ella. Los entrelazamientos del evangelio están en todas partes y los veremos si miramos con los ojos de Jesús.

LA MUJER CULTIVADA
EN SU PALABRA PROCURA
ENTRELAZAR EL EVANGELIO
EN SU VIDA COTIDIANA,
SABIENDO QUE INCLUSO
LO COTIDIANO ES IMPORTANTE
EN EL REINO DE DIOS.

CAPÍTULO 15

TU MISIÓN ES AHORA

El lugar que hay entre sus dos pies, en todo momento: ese es su campo misionero.

JILL BRISCOE

La historia de una mujer sedienta

Deseaba que Dios le dijera simplemente qué hacer a continuación. *¿Por qué tiene que ser tan difícil descubrir cuál es su voluntad?*, se preguntaba. Sentía como si estuviera constantemente tratando de unir los puntos para descifrar cómo debía ser su vida. No sabía qué comer al mediodía; mucho menos, qué hacer con su vida, o con quién casarse. Estaba en una encrucijada, miraba a la derecha y a la izquierda, paralizada de miedo. ¿Qué pasaría si tomaba el camino equivocado? ¿Y si erraba en su propósito? Si la vida viniera con una hoja de ruta, todo sería más fácil. Anheló que hubiera un mensaje escrito en el cielo o una flecha dibujada en la vereda. De lo que no se daba cuenta era que la respuesta estaba ahí mismo, en la Palabra. Jesús simplemente dijo: «Sígueme». Ella no necesitaba saber cuáles serían cada uno de los pasos siguientes; tan solo necesitaba seguir al que tenía el mapa.

ERA UNA MAÑANA NUBLADA EN EL ESTADO DE WASHINGTON, cuando comenzamos nuestro viaje al monte Rainier. Teníamos la esperanza de que las nubes se despejaran en algún momento, pero íbamos decididos a vivir una aventura, ya fuera bajo un cielo encapotado o despejado. Mi hermano se mudó a Seattle hace varios años, y siempre es un placer visitarlos a él y a su familia, y explorar la Costa Oeste.

En este viaje en particular, habíamos empacado nuestras botas de montaña para escalar uno de los senderos de Paradise y disfrutar la vista. Hay partes del monte Rainier que una persona promedio puede ascender solo durante los breves meses del verano, cuando la nieve se derrite y los senderos están despejados. La fecha de nuestras vacaciones era la correcta, así que fuimos por él.

Mi esposo, el que planifica nuestras aventuras, optó por lo que el mapa del parque mencionaba como una de las caminatas más extenuantes, asegurándonos que «solo» eran ocho kilómetros y medio. Lo que no sabíamos es que la mayoría de esos ocho kilómetros y medio eran sobre un escarpado terreno en subida. Aproximadamente a la mitad del camino de nuestro ascenso inicial, me arrepentí de haber aceptado hacerlo. Teniendo en cuenta las piernas largas de mi hermano y la resistencia de mi esposo, no estaba segura de que podría seguirles el paso, o de sobrevivir a la caminata de regreso. Lo único que me impulsaba hacia adelante era la promesa de ver praderas floridas durante el camino y la idea de un helado después de la caminata. (Si quiere lograr que yo haga algo difícil en la vida, solo tiene que prometerme flores y una buena comida al final, y me anoto).

Ascendimos durante horas y horas. En algún momento, las nubes se disiparon, a pesar del pronóstico meteorológico, y durante kilómetros pudimos ver ríos sinuosos, senderos serpenteantes, quebradas profundas, encinas frondosas. Paramos varias veces para recuperar el aliento, pero también para apreciar las vistas. Las flores eran escasas en la parte inicial de la caminata y temí que ya no veríamos la explosión floral esperada durante nuestra aventura.

Cuanto más caminábamos, menos gente veíamos y más tranquilo se volvía el mundo. No fue hasta nuestro descenso final que doblamos en una curva y mis músculos doloridos y mis pies lastimados quedaron temporariamente en el olvido. Un mar de flores campestres estalló en un coro de aleluya en los campos que nos rodeaban.

Los lupinos lavanda, las flores campestres de brocha magenta y las margaritas blancas con el centro de color amarillo fuerte, todas se erguían alto y se bamboleaban con la brisa suave. Si hubiera sido un musical, María de *La novicia rebelde* habría estado retozando al otro lado de la curva y cantando: «Las colinas están vivas con el sonido de la música/con canciones que han cantado durante mil años»[1]. Las colinas rebosan de vida y las flores cantan con osado desenfreno.

La belleza indescriptible del momento desbordó mi corazón.

Miles y miles de flores campestres crecían a nuestro alrededor y la mayoría nunca serían vistas de cerca por el ojo humano. Estas flores campestres crecerían, florecerían y morirían sin ser jamás apreciadas por un espectador y nadie agradecería su presencia en el mundo. Mientras miraba las bellezas que me rodeaban, susurré en mi alma: *Dios, ¿por qué hiciste crecer las flores campestres?*

¿POR QUÉ DIOS HIZO LAS FLORES CAMPESTRES?

Cuando una pregunta como esta enciende mi interés, no dejo de indagar hasta que encuentro una repuesta. Mientras conducíamos rumbo a casa (¡con un helado en la mano!), empecé a investigar por qué existen las flores campestres. Ralph Waldo Emerson dijo con creatividad: «La tierra ríe en las flores»[2]. Y, si bien es verdad que las flores campestres son un deleite inigualable, también hay un propósito en cada una de ellas, establecido personalmente por el Diseñador de la flor.

Las flores campestres hacen algo más por el mundo que aportar belleza, alegría y la oportunidad de tomar fotografías. Sus diseños únicos, sus perfumes suaves y sus colores impactantes las hacen un excelente atractivo para los polinizadores. Según el Departamento de Agricultura de los Estados Unidos, las flores campestres «ayudan a mejorar los campos de cultivo, aportan proteínas naturales a la dieta del ganado, facilitan el control de la erosión en las tierras cultivadas, contribuyen en el manejo y el filtrado de las aguas de lluvia, crean sistemas de filtración de aguas subterráneas y reducen los impactos de la sequía»[3]. Además de todo eso, alrededor del treinta y cinco por ciento de la cosecha del alimento del mundo depende de los polinizadores, que son atraídos por las flores campestres[4]. Para acercarlo más a la vida cotidiana, la deliciosa comida que disfrutarás hoy se debe, en parte, a las flores campestres que atrajeron a los polinizadores que, a su vez, colaboraron en el crecimiento de los cultivos.

Lo que también me asombra es que cada flor silvestre es diferente. No hay dos que sean exactamente iguales, así como no hay dos copos de nieve ni dos seres humanos que sean ciento por ciento idénticos. Todos tienen su propia marca estampada por el Creador. Dios no tenía que hacer que estas explosiones de belleza de las flores campestres, además, ayudaran a prosperar la vida, pero lo hizo, y lo hizo a propósito.

CONSIDERA LAS FLORES CAMPESTRES

En Lucas 12:27-28, Jesús ofrece consuelo a los corazones ansiosos con este mensaje de esperanza: «Considerad los lirios, cómo crecen: no trabajan ni hilan, pero os digo que ni aun Salomón con toda su gloria se vistió como uno de ellos. Y si así viste Dios la hierba que hoy está en el campo y mañana es echada al horno, ¿cuánto más a vosotros, hombres de poca fe?» (RVR95). Según Jesús, de estas pequeñas bellezas pueden extraerse grandes mensajes.

Este pasaje está incluido en el Sermón del Monte, en el cual

Jesús comparte sobre los caminos del reino de Dios, que dan un giro completo. En este texto en particular, Jesús nos anima diciendo que no debemos preocuparnos porque el Dios del universo se ocupa de nosotras.

Las personas se parecen mucho a las flores campestres. Cada una es diferente, fue hecha deliberadamente y tiene el potencial de causar un gran impacto en el mundo. Pero he aquí el truco: la mayoría de ellas pasarán desapercibidas por la gente. Miles de flores campestres florecen todos los años y nadie las ve, las admira ni las disfruta (excepto Dios). Solo cumplen el propósito para el que fueron creadas. Su misión no es ser reconocidas, aplaudidas o recompensadas; su misión es crecer, soltar sus semillas y realizar su partecita en la gran pintura de la creación. No compiten ni se esmeran por ser más altas o más hermosas que sus compañeras. Simplemente, hacen lo que deben hacer, según el propósito del Creador.

Lo mismo vale para ti. Tu vida importa, y tu misión no es mañana o «algún día»; tu misión es para este preciso momento.

Como las flores campestres, nuestros esfuerzos pueden pasar desapercibidos por otras personas. Pero está bien, y me atrevo a decir que es, incluso, algo bueno.

«ALGÚN DÍA» ES AHORA

Las flores campestres no viven para «algún día», cuando podrían ser admiradas o incorporadas a un ramo y exhibidas en un florero. Crecen bajo el cuidado soberano de Dios. Florecen para la gloria de Dios. Prosperan para los propósitos de Dios. Las flores campestres ofrecen buenas enseñanzas para el corazón humano ansioso que siempre busca que lo próximo sea mejor. Nos enseñan a confiar en los propósitos poderosos de Dios, a buscar su Reino eterno y a deleitarnos en su presencia. Aunque su vida es corta, no se quejan. Hacen eso para lo que fueron particularmente creadas.

Yo solía batallar contra la tentación de vivir para ese «algún día», en lugar del ahora. Cuando era soltera, me aterraba que Dios me llamara a ser una misionera en el exterior, en alguna selva africana inalcanzable, donde estaría completamente sola y nunca conocería a mi futuro marido. En cambio, Dios me llamó a ministrar en la escuela secundaria, donde conocí a mi futuro esposo en el más improbable de los lugares (un campamento de la secundaria en el que yo era consejera y él trabajaba). Cuando nos comprometimos, tuve la seguridad de que mi vida sería perfecta una vez que añadieran a mi nombre el título «Señora».

Pero, después de que firmamos el acta matrimonial y dijimos «Sí, quiero», mi corazón no cambió mucho, así que seguí buscando algo mejor. Primero, esperaba con ansias el día que pudiera dedicarme a mi trabajo soñado; luego, el día que tuviéramos hijos (que serían perfectos, por supuesto), y luego, el día que tuviéramos nuestra primera y encantadora casa. Siempre hay algo más en el horizonte que nos pone frente a los ojos la promesa de la satisfacción, y nos tienta a que dejemos la misión de Dios para el presente.

Más años vivo en este mundo, más me convenzo de que no existe el «algún día» perfecto. Solo existe el día de *hoy*. Solo está el ahora mismo. El «algún día» que esperamos es pasar la eternidad con él. Contemplar la eternidad nos anima a vivir en fidelidad y plenitud el presente.

Después de que Jesús resucitó y antes de su ascensión, comisionó a los discípulos con estas palabras: «Se me ha dado toda autoridad en el cielo y en la tierra. Por lo tanto, vayan y hagan discípulos de todas las naciones, bautizándolos en el nombre del Padre y del Hijo y del Espíritu Santo. Enseñen a los nuevos discípulos a obedecer todos los mandatos que les he dado. Y tengan por seguro esto: que estoy con ustedes siempre, hasta el fin de los tiempos» (Mateo 28:18-20).

La comisión es clara: vayan y hagan discípulos. Este es el llamado para nosotros, también, aunque nos encontremos en circunstancias «imperfectas». No te pierdas el gozo y el propósito del día de hoy esperando un mañana mejor. Proverbios 27:1 nos recuerda que el mañana no nos es prometido (ni siquiera el final de hoy). Lo que tenemos es este día, este momento.

Aunque la vida y las actividades del día a día sean distintas a las de los primeros discípulos, nuestra misión sigue siendo la misma: conocer a Cristo y darlo a conocer. Y esa misión es para ayer, hoy y mañana.

No te conformes con menos, hermana. Cristo vino para darnos plenitud, rumbo y misión. Una vida apartada de Cristo es una vida menor. Cuando estamos inmersas en los planes que tenemos para nuestra vida, quedamos desorientadas, apagadas y sin misión. Pero cuanto más hacemos realidad la Gran Comisión en este preciso momento, más anhelamos lo que verdaderamente nos satisfará. Podemos vivir como las flores campestres, que florecen en el momento perfecto, para la gloria de Dios.

CONFÍA EN EL CARTÓGRAFO

Un mes después de casarnos, Greg y yo asistimos a un congreso donde conocimos a David Sitton, el fundador de To Every Tribe Missions. David Sitton es un pionero en misiones que se ha comprometido a seguir a Jesús hasta los confines de la tierra. En su libro *Reckless Abandon*, explica: «No fue necesario ningún llamado especial. Yo decidí ir. Quería ir. [...] Me sentía obligado a ir. Era un privilegio ir. Dónde voy se resuelve con una Biblia abierta y un mapa extendido de los lugares que todavía necesitan ser explorados para Jesús»[5].

En la breve conversación que tuvimos con él, le preguntamos cómo saber si íbamos en la dirección correcta y cómo llegaríamos al lugar a donde Dios nos llamaba. Siendo recién casados, no sabíamos con certeza cuál debía ser nuestro siguiente paso y ansiábamos desesperadamente escuchar palabras de sabiduría. La respuesta de David me quedó sellada para siempre en la memoria: «Sigan adelante y confíen que Dios los llevará al lugar correcto».

Eso fue todo. La misión ya está presentada en las Escrituras:

vayan y hagan discípulos. Vayan y compartan la Buena Noticia. ¡Vayan y vivan como que la Biblia es verdad! Vayan... *hoy*.

¿Qué significa esto para la mamá que tiene una montaña de ropa recién lavada para doblar? ¿Para la estudiante universitaria que busca trabajo después de graduarse? ¿Para la soltera que busca su lugar en una vida que no esperaba? ¿Para la mujer atrapada en una profesión que no le apasiona? Significa que considere las flores del campo que crecen donde Dios las plantó y que cumplen la función que Dios preparó para ellas, sin preocuparse de que alguien las note; simplemente, obedeciendo. Mantente cerca de Dios en la Palabra, somete a él tus planes y propósitos, y recibe la paz y la presencia que él promete en el proceso. Pon un pie delante del otro y da un paso a la vez para llevar a cabo la misión del evangelio.

Solo. Un. Paso.

Aunque sientas que tu vida no es ideal, aunque tu temor sea real, aunque tus pies tropiecen, aunque tus esfuerzos se desmoronen... sigue avanzando y confía en el Cartógrafo.

Cuando empezamos la caminata por el sendero de Paradise, teníamos un mapita para guiarnos. Pero recién cuando en realidad nos pusimos en marcha y pusimos un pie delante del otro, llegamos a donde queríamos estar. Seguimos el sendero sinuoso que subía por montes rocosos y bajaba por sendas escarpadas. Mientras caminábamos, confiábamos que el sendero nos llevaría a nuestro destino. Así fue, y valió la pena.

¿Qué dirías si seguir a Jesús significara vivir con gratitud por el día de hoy, en lugar de desear un mañana mejor?

¿Y si en lugar de esperar ese «algún día» (un anillo de bodas en tu dedo, o tener a tu bebé en brazos, o un diploma más en tu currículum) decidieras usar tus herramientas, recursos y circunstancias para conocer más a Dios y darlo a conocer ahora mismo?

¿Y si dejaras de pedirle un GPS a Dios, con las indicaciones detalladas para los próximos cinco años, y empezaras a aplicar las palabras de las Escrituras en tu vida diaria?

No es necesario que tengas el plan perfecto para ser fiel hoy. Dios tiene el plan. El mapa está en las manos de Dios. Nosotras tenemos su Palabra. Eso es más que suficiente.

SI NO ES AHORA, ¿CUÁNDO?

En mi preadolescencia, era lo que quizás llamarías una acumuladora de bolígrafos de gel. Coleccionaba bolígrafos de gel que abarcaban los tonos del arcoíris. Algunos eran metalizados, otros tenían brillos y algunos eran cristalinos y con tinta invisible (mis favoritos para escribir mensajes secretos en mi diario íntimo). Cuando recibía un juego nuevo de bolígrafos, me cuidaba de no usarlos demasiado. Eran tan preciosos para mí, que los guardaba en una caja especial de Crayola, escondidos para que nadie los viera. Pocas veces los disfrutaba en todo su potencial porque tenía miedo de «gastarlos». (Porque, aparentemente, pensaba que en algún momento escasearían en la tienda).

Hace unos meses, cuando visitaba a mis padres, ¡encontré esa caja de Crayola con mi reserva oculta de bolígrafos de gel! Con más de veinte años de antigüedad, a algunos todavía les quedaba un poquito de tinta utilizable, pero la mayoría se había secado hacía mucho tiempo. Estos bolígrafos preciosos no fueron usados y disfrutados cuando debían, y ahora ya no servían.

Con frecuencia, solemos hacer lo mismo con los buenos dones que Dios nos ha dado. Los guardamos y los escondemos para el futuro y dejamos pasar su propósito y su disfrute hoy. Si no somos fieles ahora, ¿cuándo lo seremos? Si no compartimos a Cristo ahora, pues ¿cuándo? Si no florecemos ahora, ¿para qué está el día de hoy?

Dios te salvó para una misión y un propósito hoy mismo, no algún día. Recuerda a las flores campestres y florece para la gloria de Dios, incluso si te sientes inadvertida.

LA MUJER CULTIVADA

EN SU PALABRA NO POSTERGA

EL VIVIR A LA ESPERA

DE «ALGÚN DÍA».

SABE QUE SU MISIÓN ES AHORA

Y VIVE CADA PASO

QUE DA GUIADA

POR EL PROPÓSITO

DEL EVANGELIO.

CAPÍTULO 16

AL REVÉS Y CULTIVADA EN SU PALABRA

Viva el día de hoy por lo que será importante dentro de diez mil millones de años.

DAVID PLATT

La historia de una mujer sedienta

Empezó a vivir la vida al revés, y los que la rodeaban notaron la diferencia. Miraba a las personas a los ojos y escuchaba atentamente sus historias. No se limitaba a decirles que oraría por ellas: lo hacía en ese mismo momento. Ya no leía la Biblia por un sentido del deber: la leía por el puro placer que guiaba su alma. Daba de su tiempo, de su dinero, de sus pertenencias y de sus talentos. Compartía su fe con cualquiera que la escuchara, mostraba amor a sus vecinos, abría las puertas de su casa y servía a su iglesia de cualquier manera que le fuera posible. Aunque no tenía demasiado para ofrecer, según los parámetros del mundo, daba con alegría lo que tenía al que había dado todo por ella. Nunca olvidó cómo era vivir una vida reseca; por eso, estaba agradecida para siempre por la vida cultivada en su Palabra que experimentaba cada día en Jesús.

AL OTRO LADO DE MI VENTANA, los árboles brotan y las plantas florecen, despertando de su letargo. Después de un invierno largo, estoy más que preparada para la nueva estación en la que, de repente, el mundo vuelve a llenarse de vida.

Así como los árboles y las plantas de exterior están a punto de revivir, en la mesada de nuestra cocina, finalmente, mi tan ansiada azucena ha florecido. Cuatro flores color cereza del bulbo que planté después de perder a nuestro bebé. Tardó más de lo que esperaba, pero cada paso del recorrido (la plantación, el arraigamiento, el crecimiento y la espera) ha contribuido al gran final de la floración y la prosperidad.

Esperar que las flores salieran trajo expectativas a mi corazón, después de un período de pérdida. Cada día, esperaba ansiosamente ver si había indicios de algún cambio. Por medio de ese lento proceso de crecimiento, Dios me mostró que la tristeza y la oscuridad no son para siempre. Aun de la muerte, Dios puede producir una nueva vida.

CADA MOMENTO IMPORTA

La vida fluctúa al ritmo de las épocas. Dios, el Jardinero de nuestra alma, en su fidelidad nos poda, nos cuida, nos desmaleza y nos riega con el objetivo de producir una cosecha para su gloria. Los períodos intermedios tienen sentido y hay una misión en el crecimiento siempre cambiante de nuestra alma. No pasa un solo momento que no tenga un valor eterno.

Las decisiones de hoy afectan el destino del mañana.
La fidelidad de hoy afecta el fruto del mañana.
La inversión de hoy afecta el florecimiento del mañana.

Tienes todo lo que necesitas para vivir una vida floreciente en Cristo (ver Efesios 1:3). Esto no quiere decir que siempre verás o sentirás dicho florecimiento, pero cuando tus raíces son profundas y tu cimiento está construido sobre la roca firme de Jesucristo, el único resultado posible es el florecimiento guiado por el Espíritu. Es algo que el mundo no entiende pero aun así desea.

En nuestra búsqueda de una vida productiva, es importante recordar que no siempre hay flores. Las flores vienen y van, pero esto no significa que los períodos intermedios sean innecesarios o menos importantes. La floración es el resultado de la fiel labor realizada durante la plantación, el arraigamiento, el crecimiento y la espera. No puede disfrutar de una flor sin el largo proceso que la llevó a ese punto.

En mi propia vida lucho por aceptar el proceso de crecimiento centrado en Cristo, que se desarrolla de adentro hacia afuera. Es fácil descuidar la importancia de la plantación, el arraigamiento, el crecimiento y la espera. Pero la vida cultivada en su Palabra no florece y ya; es una vida que *siempre crece*. Nos esforzamos por glorificar a Dios en cada época y le encomendamos la cosecha. Ciertamente, el florecimiento llegará, pero no te pierdas la alegría y la belleza de crecer. La mayor parte de tu vida estará llena de momentos normales, aburridos y sin documentar, ¡y *todos* son importantes!

Las decisiones que tomas hoy repercuten en el lugar donde terminará mañana.
Lo que piensas de este momento repercutirá en quién llegarás a ser el día de mañana.
Cómo pases tu tiempo determinará el rumbo de tus días.

Los pequeños momentos importan más de lo que reconocemos. En lugar de enfocarnos en florecer, esmerémonos por ser fieles en el crecimiento. Y dejemos el resto en las manos del Jardinero.

CUANDO LAS FLORES TARDAN EN LLEGAR

¿Sabías que la floración de algunas plantas lleva *años*? Aunque las flores no sean visibles, el crecimiento sigue sucediendo. Este período de aparente estado latente no invalida la importancia de la flor; enfatiza la importancia del proceso.

Hay una flor llamada «reina de la noche» que florece una sola noche al año. Sí, leíste bien: ¡*una* noche al año! El resto del año parece estar muerta, pero una noche, al calor del verano, se abre para presentar una flor blanca y deslumbrante. En el Himalaya hay un gigantesco lirio que florece cada *siete* años. Esta planta enorme crece hasta los tres metros antes de florecer en hermosos lirios con forma de campanillas. Luego de su floración, muere y deja bulbos más pequeños para poder reproducirse. El agave amarillo florece entre diez y veinticinco años después de haber sido plantado. Una vez que está completamente crecido, puede llegar casi a los diez metros, con flores verdes puntiagudas antes de morir[1].

Convertirse en una mujer cultivada en su Palabra para la gloria de Dios no es algo que sucede por pura casualidad y no se da de la noche a la mañana; lleva tiempo, disciplina y entrega. Es un proceso de adentro hacia afuera y de arriba abajo, y es el camino para la vida abundante.

El profeta Isaías registró una promesa maravillosa para Israel: «El SEÑOR te guiará siempre; te saciará en tierras resecas, y fortalecerá tus huesos. Serás como un jardín bien regado, como manantial cuyas aguas no se agotan» (Isaías 58:11, NVI). Esta es la clase de vida que yo quiero y es la que deseo también para ti.

Mientras pensamos en cómo aplicar este pasaje a nosotras, es útil tener en cuenta su contexto. Los versículos inmediatos llaman al pueblo a renegar de sus ídolos falsos y de sus rituales sin sentido, para experimentar la verdadera adoración al Dios único y fiel. Dios llamaba a los israelitas a dejar su hipocresía por una vida de fidelidad genuina. Las personas pretendían florecer mediante sus actos exteriores, sin que hubiera un cambio en su corazón, y Dios les aclaró que esa no era la vida que él los había llamado a vivir.

El Señor envió su palabra a los israelitas a través de Isaías:

> El ayuno que he escogido, ¿no es más bien romper las cadenas de la injusticia y desatar las correas del yugo, poner en libertad a los oprimidos y romper toda atadura? ¿No es acaso el ayuno compartir tu pan con el hambriento y dar refugio a los pobres sin techo, vestir al desnudo y no dejar de lado a tus semejantes?
>
> ISAÍAS 58:6-7 (NVI)

Dios llevó a cabo un cambio rotundo en sus vidas y les enseñó de dónde procede la verdadera bendición. No es algo que pueda fabricarse ni manipularse; únicamente es el resultado de su obra poderosa dentro de nuestro corazón rendido. Por último, es una imagen de la vida cristiana, de la vida cultivada en su Palabra.

LA VIDA AL REVÉS

Desde el Génesis al Apocalipsis, Dios llama a su pueblo a vivir con autenticidad, humildad y libertad, y eso parece completamente al revés de los caminos de este mundo.

Jesús nos llama a vivir al revés. Isaías 55:8-9 nos dice que los pensamientos de Dios no son nuestros pensamientos y que nuestros caminos no son sus caminos. Pablo repite esta idea en 1 Corintios 1:25: «Pues la locura de Dios es más sabia que la sabiduría humana, y la debilidad de Dios es más fuerte que la fuerza humana» (NVI). Aun nuestras mejores obras fracasan ante el Señor (ver Isaías 64:6; Romanos 3:10-12). Su sabiduría y sus caminos prevalecen sobre nuestros planes, nuestros pensamientos y nuestras ideas. Los caminos de Cristo no siempre tienen sentido para nuestra mente finita, pero podemos confiar en que sus caminos son los mejores. Esto se ha demostrado desde el principio de los tiempos.

En el Sermón del Monte, Jesús estableció las bases de la verdadera bienaventuranza, que es lo opuesto a lo que el mundo dice: «Dios bendice a los que son pobres en espíritu y se dan cuenta de la necesidad que tienen de él, porque el reino del cielo les pertenece. Dios bendice a los que lloran, porque serán consolados. Dios bendice a los que son humildes, porque heredarán toda la tierra. Dios bendice a los que tienen hambre y sed de justicia, porque serán saciados» (Mateo 5:3-6).

Luego, Jesús te lleva aun un poco más allá: «Dios bendice a los que son perseguidos por hacer lo correcto, porque el reino del cielo les pertenece. [...] ¡Alégrense! ¡Estén contentos, porque les espera una gran recompensa en el cielo! Y recuerden que a los antiguos profetas los persiguieron de la misma manera» (Mateo 5:10, 12). A medida que Jesús enseña sobre el Reino al revés, desafía toda noción humana.

Aquí hay algunos ejemplos de este pasaje:

Jesús dice que no debemos amar solo a nuestro prójimo; debemos amar a nuestros enemigos (ver Mateo 5:43-45).

Jesús dice que la fidelidad nace en secreto, no en público (ver Mateo 6:1).

Jesús dice que debemos perdonar porque fuimos perdonados por Dios (ver Mateo 6:14).

Jesús dice que debemos acumular tesoros en el cielo, más que en la tierra (ver Mateo 6:19-21).

Podría continuar, pero queda bastante claro que seguir a Jesús y disfrutar de la vida cultivada en su Palabra significa que te verás distinta al resto del mundo. La vida cultivada en su Palabra es la vida plena, abundante y libre, pero también es la vida contracultural.

Pablo describe a los creyentes de esta manera: «Nuestra entrega a Cristo nos hace parecer tontos, en cambio, ¡ustedes afirman ser tan sabios en Cristo! Nosotros somos débiles, ¡pero ustedes son tan poderosos! A ustedes los estiman, ¡a nosotros nos ridiculizan! [...] Bendecimos a los que nos maldicen. Somos pacientes con los que nos maltratan. Respondemos con gentileza cuando dicen cosas malas de nosotros» (1 Corintios 4:10, 12-13). Seguir a Cristo parece ridículo ante este mundo, pero, hermana, ¡es el camino para la abundancia! Fuiste creada para esta clase de vida, no te conformes con menos.

NO EXISTE UN TALLE ÚNICO

La vida productiva no será fácil, pero valdrá la pena. Dietrich Bonhoeffer dijo: «Cuando Cristo llama a un hombre, le pide que venga y muera»[2]. En el momento que Bonhoeffer dijo esto, no sabía que, a continuación, Jesús lo llevaría a morir como un mártir. Pero tampoco sabía que su muerte llevaría a muchos a la vida espiritual. Su vida floreció a través de las adversidades y la persecución y, por su muerte, sigue reproduciéndose para la gloria de Dios.

Cuando ofreces tu vida a Dios, puedes tener (y lo tendrás) un impacto del Reino. En la medida que mueras todos los días a ti misma, las semillas caerán y producirán la cosecha del evangelio en la vida de otros. Si esto se trata de una persona o de mil personas, recuerda que una sola vida es importante para Dios. Aunque nunca seas tomada en cuenta ni reconocida por tu fidelidad a Jesús, todo será importante. Esa es una esperanza a la que puedes aferrarte en todo momento.

La vida cultivada en su Palabra no es una fórmula única e igual para todos. Es el llamado para conocer a Cristo y darlo a conocer, y este llamado se manifiesta en las maneras particulares con las que Dios la creó. Avanza con el objetivo de conocer y amar a Jesús, y no te compares con las personas que tienes alrededor. Celebra a tus hermanas cuando realicen el plan que

Dios tiene para ellas. Mantén tu mirada en la Cruz. Y recuerda que un día arrojarás una corona a los pies de Jesús, quien es digno de cada suspiro tuyo (ver Santiago 1:12; 1 Pedro 5:4; Apocalipsis 4:10-11).

INFINITAS MANERAS DE VIVIR CULTIVADA EN SU PALABRA

Hay tantas maneras de vivir la vida cultivada en su Palabra como personas. Dios es infinitamente creativo y puede hacernos florecer en cualquier entorno, bajo cualquier tipo de circunstancias. Estas son apenas algunas imágenes de cómo se ve la mujer cultivada en su Palabra en la vida real. Estas mujeres, provenientes de distintos contextos, reflejan la gracia de Dios en medio de sus luchas y la fuerza de él en los desafíos de sus vidas. Todas son pecadoras salvas por gracia, que buscan vivir su fe en todo lo que hacen.

La mujer cultivada en su Palabra se parece a mi abu, Jenny Pitt, quien tuvo una artritis reumatoide que la incapacitó y usó una silla de ruedas la mayor parte de su vida. A pesar de todo, levantaba sus manos desfiguradas en adoración y entrega a Dios. Cada persona que tenía contacto con ella veía brillar a Cristo a través de su sufrimiento. Cuando su incapacidad empeoró, ya no pudo abrir su Biblia por sus propios medios, pero la Palabra de Dios siguió morando en su espíritu.

Se parece a mi mamá, Kathy, cuya vida también ha sido plagada por el dolor físico, ya que lucha contra una enfermedad autoinmune poco frecuente. Aun cuando estaba físicamente en su punto más bajo porque no podía ver ni caminar sola, buscaba al Señor y hablaba de él a sus enfermeras. Ella me enseñó a orar con sinceridad y valentía, sabiendo que Dios es fiel para escucharnos y respondernos.

Se parece a mi hermana, Kara, que después de años de infertilidad, quedó embarazada y dio a luz a una pequeñita llamada Kate, y varios años después, fue sorprendida con otro embarazo. A las catorce semanas, su segunda hija fue diagnosticada con Síndrome de Down. Por la misma época, Kara y su esposo adoptaron a un niño en el sistema de adopciones temporales. Cada día, Kara sortea los desafíos peculiares de criar a sus tres hijos, dos de los cuales necesitan terapia de desarrollo. Su vida se ve distinta a lo que ella esperaba, pero le entrega a Dios el bolígrafo para que él escriba la historia de sus días.

Se parece a la señora Carla, mi mentora y la esposa de mi pastor cuando yo estaba en la universidad, quien todas las semanas recibía a las chicas en su casa y compartía de Jesús con nosotras. Crio a cinco hijos mientras ayudaba a su esposo y servía al cuerpo de la iglesia local, además de alimentar las almas de muchas jóvenes con el corazón roto que pasaban tiempo con ella. Su humildad y su bondad apuntaban a su Salvador y Sustentador, Jesús.

Se parece a Meredith, una hermana en Cristo que conocí por Internet, que corta y tiñe el cabello para la gloria de Dios, ora por sus clientas y les enseña en qué consiste, en definitiva, la belleza verdadera: en conocer nuestra identidad en Jesucristo.

Se parece a mi amiga, Ali, que siente pasión por correr desde que estaba en la preparatoria. Dios sigue usando su capacidad como corredora de maratones para darle oportunidades para compartir su fe, moldear su propio corazón y pasar tiempo orando por sus amigos.

Se parece a mi amiga, Jessica, quien se mudó a México cuando tenía veintitantos años para servir como maestra a los hijos de los misioneros. Luego de años en el exterior, regresó a vivir a su ciudad universitaria, como mujer soltera que anhelaba casarse, pero decidió serle fiel a Jesús a cualquier costo. Mientras servía en una escuela de un barrio pobre, conoció al que ahora es su esposo y, en la actualidad, sigue compartiendo el amor de Jesús como madre adoptiva y sirviendo en varios ministerios locales.

Se parece a Ayanna, quien trabaja en el centro comercial de la ciudad y además sirve fielmente en su iglesia local y escribe un blog sobre la condición de la mujer en la Biblia. Aunque no es una ministra de tiempo completo, considera que toda su vida es una oportunidad para ministrar a los demás, para ser discípula y para hacer discípulos.

Se parece a Natalie, que fue a la facultad de Medicina para ser médica y ayudar a cuidar a los frágiles, a los que sufren y a los heridos. Después de años de estudiar, ahora trabaja en un hospital y ama a las personas en su condición vulnerable y vive como una luz para Jesús.

Por último, la mujer cultivada en su Palabra se parece a *ti*, justo donde estás ahora, buscando a Jesús. No harás todo a la perfección (Dios ya lo sabe). Es por eso que envió a su Hijo perfecto, para que muriera en tu lugar. Estás en proceso, pero Dios ve el resultado final. Encomiéndale los momentos intermedios. El cambio está sucediendo y las flores están por llegar, pero morar y florecer son cosas que pueden suceder ahora mismo, precisamente donde estás.

LA VIDA BIEN APROVECHADA

Jesús nos llama a vivir una vida bien aprovechada, una vida cultivada en su Palabra. En su libro *No desperdicies tu vida*, John Piper dice: «Sea lo que fuere que hagas, encuentra la pasión para tu vida centrada en Dios, que exalte a Cristo y esté saturada en la Biblia. Así encontrarás cómo decirlo, y vivir y morir por ello. Y marcarás una diferencia que perdurará. No desperdiciarás tu vida»[3]. Esto es lo que quiero, para ti y para mí misma, y es lo que Dios quiere para nosotras.

La vida bien aprovechada es una paradoja, un misterio para el alma humana. Esta oración resume la vida al revés con una sinceridad sin procesar:

Déjame aprender por la paradoja
Que el camino hacia abajo es el camino para subir,
Que ser humilde es ser elevada,
Que el corazón quebrantado es el corazón sanado,

Que el espíritu contrito es el espíritu que se regocija,
Que el alma arrepentida es el alma victoriosa,
Que no tener nada es poseerlo todo,
Que cargar la cruz es usar la corona,
Que dar es recibir,
Que el valle es el lugar de la visión[4].

Procuramos evitar el valle porque tenemos miedo de lo que sufriremos en los tiempos malos de la vida, cuando la oscuridad nos asedia. Pero el valle posee el fruto más dulce, las flores más radiantes y la hierba más verde. El valle es donde se produce el crecimiento. El valle forma parte de todo recorrido y lo común es que venga a continuación de cada momento culminante. Te lo digo porque quiero aclarar tus expectativas. Cuando termines de leer este libro, no tendrás tu vida completamente resuelta. Pero sí tendrás (espero) la mirada fija en Jesús y tu confianza enfocada en su Palabra. Y eso te hará superar cualquier altibajo, cualquier sequía o tempestad, cualquier desierto o sendero montañoso.

EL JARDÍN CULTIVADO EN SU PALABRA QUE VENDRÁ

Este no es más que otro comienzo en medio de su historia. Así como la historia de la humanidad comenzó en un jardín, culminará en otro jardín, un Jardín perfecto, redimido, eterno y siempre en flor.

En el jardín de Edén, el pecado rompió su perfección inocente (ver Génesis 3). Pero el Jardinero y Creador de todas las cosas no nos dejó sin esperanza. Comenzó una obra redentora que está entretejida a lo largo de toda la Biblia, en lo que ha sido y lo que está por venir. Cuando Jesús vino en el tiempo perfecto de Dios, rompió la maldición del pecado, muriendo en lugar de nosotros en un árbol (ver Gálatas 3:13). Sin embargo, no quedó en la tumba. Destruyó las tinieblas y se levantó.

Pero eso no es el fin. Como cristianas redimidas por la sangre de Jesús, aguardamos con esperanza el día que Jesús regresará a buscar a su pueblo. Cuando venga, derrotará a Satanás, finalmente y para siempre (ver Apocalipsis 12). Satanás, el autor de todas las mentiras y el acusador de toda persona, será aplastado, ya no podrá sembrar cizaña ni caos en el Jardín de Dios. Como mujeres cultivadas en su Palabra, tenemos presente el Jardín glorioso que vendrá.

Jesús, el Pozo del agua viva, la Palabra de libertad y el Camino de la fidelidad, reinará en el Jardín glorioso y cultivado en su Palabra, y nosotras pasaremos la eternidad adorándolo y sirviéndolo. Lo contemplaremos en su plenitud, y su nombre será escrito en nuestra frente para que nunca sea borrado (ver Apocalipsis 22:4). Las raíces de nuestra identidad ya no se enredarán con mentiras. La maleza del pecado ya no amenazará con destruirnos. No seguiremos cosechando frutos podridos. No nos marchitaremos, no lucharemos, no nos esforzaremos ni encontraremos dificultades. Disfrutaremos el fruto de la gloria de Dios, bebiendo hasta saciarnos del agua de vida por toda la eternidad (ver Juan 4:14; Apocalipsis 22:1).

La Maldición será revertida, la oscuridad cesará y no habrá necesidad de luz porque Jesús mismo será la Luz (ver Apocalipsis 22:5). Cada mes, el árbol de la vida dará fruto, nunca morirá ni se pudrirá (ver Apocalipsis 22:2). Este Jardín es el verdadero y el mejor, el que Jesús está preparando para ti mientras atraviesas los valles oscuros, escalas montañas escarpadas y soportas los terrenos desérticos. Esta es tu esperanza y este es tu futuro.

Vive para el Jardín eterno y cultivado en su Palabra, que llegará cuando aceptes cada período intermedio.

LA MUJER CULTIVADA

EN SU PALABRA ACOGE

EL SENTIDO ETERNO

Y REVERTIDO DEL REINO DE DIOS,

DISPUESTA A SOBRESALIR

EN ESTE MUNDO

POR AMOR A JESÚS.

LAS DECLARACIONES
de la mujer cultivada en su Palabra

Ahora que terminaste de leer el libro, toma un momento para analizar cada declaración de la mujer cultivada en su Palabra. Recuerda que el viaje no ha terminado; ¡recién empieza! Revisa estas declaraciones cada vez que necesites refrescar qué significa vivir la vida cultivada en su Palabra, y sigue creciendo cada día en la gracia.

La mujer cultivada en su Palabra renuncia a la vida esforzada a cambio de una vida profundamente arraigada en la Palabra de Dios.

La mujer cultivada en su Palabra sabe quién es Jesús, y quién es el que transforma por completo su pasado, su presente y su futuro.

La mujer cultivada en su Palabra encuentra a Jesús en el pozo de la gracia y canjea su vacío por la plenitud de él.

La mujer cultivada en su Palabra está plantada en el terreno del evangelio y, como una semilla sembrada en la tierra, acepta la muerte como un medio para la vida abundante.

La mujer cultivada en su Palabra reconoce que el verdadero gozo no proviene del café, ni de las vacaciones, las siestas, el éxito o las comodidades. Su gozo proviene tan solo del Señor.

La mujer cultivada en su Palabra confía en los caminos misteriosos de Dios, sabiendo que él tiene un propósito allí donde está plantada.

La mujer cultivada en su Palabra está decidida a sustentarse de la única fuente que satisface en verdad: la Palabra de Dios.

La mujer cultivada en su Palabra permite que el Espíritu Santo arrase con la cizaña para darle vía libre a la obra poderosa de Dios.

La mujer cultivada en su Palabra mora en Cristo y reconoce que, apartada de él, no puede hacer nada.

La mujer cultivada en su Palabra la guarda en su corazón, sabiendo que Dios ha provisto todo lo que necesita para crecer, florecer y prosperar, aunque atraviese épocas desérticas.

La mujer cultivada en su Palabra captura sus pensamientos rebeldes y los ajusta a los caminos de Jesús.

La mujer cultivada en su Palabra acoge la santificación, sabiendo que es la única vía para florecer.

La mujer cultivada en su Palabra sigue a Jesús de todo corazón, sabiendo que para dirigir bien, primero debe ser discípula de Jesús.

La mujer cultivada en su Palabra procura entrelazar el evangelio en su vida cotidiana, sabiendo que incluso lo cotidiano es importante en el reino de Dios.

La mujer cultivada en su Palabra no posterga el vivir a la espera de «algún día». Sabe que su misión es ahora y vive cada paso que da guiada por el propósito del evangelio.

La mujer cultivada en su Palabra acoge el sentido eterno y revertido del reino de Dios, dispuesta a sobresalir en este mundo por amor a Jesús.

AGRADECIMIENTOS

Primero y principal, a mi Salvador, mi Dios, mi Rey: tú eres mi mejor amigo, mi Redentor, mi todo. Este libro no existiría fuera de tu gracia salvadora. Hubo muchos momentos en las cuales quise darme por vencida, pero tú me ayudaste a insistir y a perseverar. Soy una prueba viviente de que tú puedes tomar una vida quebrada y hacerla completamente nueva. Esto es para ti, por ti y todo para tu gloria.

A mi esposo, Greg: nadie sabe cuánto sacrificaste para hacer posible este libro. Oraste por mí cuando estaba débil, me alentaste cuando estaba desanimada y expresaste palabras de vida en mí a cada paso del camino. Sirves con humildad a nuestra familia y me demuestras qué significa amar como Cristo. ¡Te amo más de lo que las palabras pueden expresar!

A mi familia: ustedes me amaron en los peores momentos y me mostraron la gracia de Jesús. Mamá, *tú* eres la mujer cultivada en su Palabra. Lo que la gente no sabe es que la mayoría de las cosas que escribí las aprendí observándote. Gracias por leer las palabras de este libro antes que cualquier otra persona, y siempre dirigirme para que vuelva a Cristo. Papá, tú me enseñaste cómo es confiar en el Señor y conoces cuáles son las palabras correctas para decir en mi momento de necesidad. ¡Gracias por creer en mí y orar por mí! Kara, hermanita, siempre te admiré y siempre me enseñaste que Jesús es digno de mi confianza y de mi vida. ¡Gracias por llevarme fielmente de vuelta a él! Jason, en verdad eres el mejor hermano mayor. ¡Gracias por alentarme siempre y por cuidarme!

A mis dulces niños, Nolan y Haddon: ¡Su mamá los ama muchísimo! Alegran mi corazón todos los días y me enseñan qué es lo más importante en la vida. Alabo a Dios por ustedes y oro pidiendo que lo atesoren todos los días de sus vidas.

Al equipo de Tyndale: ustedes de verdad practican lo que predican. Su deseo es compartir el evangelio y amar a Dios con todo el corazón, y me siento honrada de trabajar con ustedes. Kara, eres más que una editora; ¡eres una amiga fiel y la mejor animadora! ¡Gracias por amarme tal como soy y por alentarme a cada paso del camino! ¡Stephanie, ha sido un gozo absoluto trabajar contigo! Tu corazón para el Señor se refleja en todo lo que dices y lo que haces. ¡Gracias por declarar la verdad de Dios en mi vida y por hacer de este libro un reflejo de su corazón! Libby, Dean y Jillian, ¡trabajaron tanto por hacer que este libro refleje la belleza de la Palabra a través de su genial diseño! Y, Teresa, eres un verdadero regalo de Dios. ¡Eres más que una agente literaria; eres mi hermana en Cristo y tu corazón por este libro y su mensaje me ha inspirado a seguir buscando al Señor con todo mi corazón!

Al equipo de La mujer cultivada en su Palabra: cada uno de ustedes significa para mí más de lo que imaginan. ¡Gracias por orar por mí y por darme ánimo! ¡Estoy completamente agradecida por cada uno de ustedes!

A mi familia de la iglesia, a mis queridos amigos y a los muchos referentes que han caminado conmigo en varios momentos de la vida: Todos son retratos de la gracia de Dios y me recuerdan su amor duradero. ¡El Señor los ha usado a todos ustedes para mostrarme el glorioso regalo del evangelio! Este libro es un testimonio de que Dios obra por medio de las personas. Whitney y Madelyn, ¡las dos me han acompañado desde la escuela primaria, me han refinado y nunca me abandonan! A mi profesor de Letras en la preparatoria, el señor Klempner: usted me desafió a escribir con creatividad cuando era muy joven y pulí esas habilidades (¡por más que me quejara de sus exámenes de gramática!). Gracias por formarme para que fuera escritora cuando yo no sabía que lo sería.

Por último, a mi abuelo y a mi abuela: no veo la hora de volver a abrazarlos en el cielo. Tuve el privilegio de estar junto a ustedes cuando respiraron por última vez, y esos momentos sagrados me demostraron que la vida se trata de algo más que este mundo pasajero. Me enseñaron que el sufrimiento no es la ausencia de Dios, sino una muestra de su presencia y de su redención. Su legado todavía está sano y salvo, dirigiendo a la gente hacia nuestro Salvador, Jesús.

NOTAS

CAPÍTULO 1: NO ESTOY BIEN. ¿ESO ESTÁ BIEN?

1. «8414. tohu», *Strong's Concordance* [Concordancia Strong], consultada el 20 de julio del 2020, https://biblehub.com/hebrew/8414.htm.
2. Charles Haddon Spurgeon, «Espinas y cardos», *Metropolitan Tabernacle Pulpit 39*, n. 2299 (12 de marzo de 1893).
3. Nancy Guthrie, «Heaven Will Be Better Than Eden» [El cielo será mejor que Edén], 1 de septiembre, 2018, Desiring God, https://www.desiringgod.org/articles/heaven-will-be-better-than-eden.

CAPÍTULO 2: LAS RAÍCES DE LA IDENTIDAD

1. Charles P. Stone, Clifford W. Smith y J. Timothy Tunison, eds., *Alien Plant Invasions in Native Ecosystems of Hawai'i: Management and Research* [Invasiones de plantas foráneas en los ecosistemas nativos de Hawai'i: Administración e investigación] (Honolulu: University of Hawaii Cooperative National Park Resources Study Unit, 1992), 193.

CAPÍTULO 4: MORIR PARA VIVIR

1. I. Lilias Trotter, *Parables of the Cross* [Parábolas de la Cruz] (Proyecto Gutenberg: 2007), libro electrónico.
2. «3498. nekros», *Strong's Concordance* [Concordancia Strong], consultada el 29 de julio del 2020, https://biblehub.com/greek/3498.htm.
3. Elisabeth Elliot, *A Chance to Die: The Life and Legacy of Amy Carmichael* [Una oportunidad para morir: La vida y el legado de Amy Carmichael] (Ada, MI: Revell, 1987), 15.

CAPÍTULO 5: RENUNCIA A LOS POZOS ROTOS

1. Nota de estudio de Jeremías 2:12-13, *ESV Study Bible* [Biblia de estudio ESV] (Wheaton, IL: Crossway, 2008), 1372.
2. C. S. Lewis, *The Weight of Glory* (Nueva York: Harper Collins, 2001), 26. Publicado en español como *El peso de la gloria* (Nashville: HarperCollins Español, 2016).
3. F. B. Meyer, *Jeremiah: Priest and Prophet* [Jeremías: Sacerdote y profeta] (Londres: Morgan and Scott), 29, https://archive.org/stream/jeremiahpriestpr00meye#page/29/mode/1up/search/What+an+infinite+mistake+.
4. Steven Lawson, «William Tyndale's Final Words» [Las últimas palabras de William Tyndale], Ligonier Ministries, 18 de febrero del 2015, https://www.ligonier.org/blog/william-tyndales-final-words/.
5. Bruce Hindmarsh, «Was He Too Prone to Wander? Robert Robinson (1735-1790)»

[¿Era demasiado propenso a desviarse? Robert Robinson (1735-1790)], Desiring God, 16 de junio del 2019, https://www.desiringgod.org/articles/was-he-too-prone-to-wander.

6. Meyer, *Jeremiah*.

CAPÍTULO 6: EN CUALQUIER LUGAR, MENOS AQUÍ

1. Elisabeth Elliot, *Through Gates of Splendor* [A través de las puertas del esplendor] (Carol Stream, IL: Tyndale, 1981), 20.

CAPÍTULO 7: LA PALABRA ANTES QUE EL MUNDO

1. Tony Reinke, *12 Ways Your Phone Is Changing You* [12 formas en las que su teléfono lo está cambiando a usted] (Wheaton, IL: Crossway, 2017), 15.
2. Para ampliar este concepto, ver Andy Crouch, *The Tech-Wise Family: Everyday Steps for Putting Technology in Its Proper Place* [La familia sabia en la tecnología: Pasos diarios para poner a la tecnología en el lugar apropiado] (Grand Rapids, MI: Baker Books, 2017), 18.
3. Stephen J. Nichols, «The Resolutions of Jonathan Edwards» [Las resoluciones de Jonathan Edwards], *Tabletalk*, enero del 2009, https://tabletalkmagazine.com/article/2009/01/resolutions-jonathan-edwards/.
4. Jonathan Edwards, «Resolutions», *Works of Jonathan Edwards Online, Volume 16* [Obras de Jonathan Edwards en línea, volumen 16] (Jonathan Edwards Center, Yale University, 2008), 753, consultado el 23 de julio del 2020.
5. Edwards, «Resolutions», 753.
6. Michael W. Smith, vocalista, «Ancient Words» [Palabras antiguas], 2002, por Lynn DeShazo (cantante lírica), pista 4, en *Worship Again* (Nueva York: Zoomba Recording, 2003), disco compacto.
7. Smith, «Ancient Words».

CAPÍTULO 8: BROTAR DE LAS CENIZAS

1. Laurie L. Dove, «How Does a Forest Fire Benefit Living Things?» [¿Cómo beneficia un incendio forestal a las cosas vivientes?], HowStuffWorks.com, 22 de abril del 2013, https://science.howstuffworks.com/environmental/green-science/how-forest-fire-benefit-living-things-2.htm.
2. Matt Chandler, «Stirring Your Affections for Jesus» [Avivando su afecto por Jesús] (sermón), Iglesia Bautista Bethlehem, St. Paul, MN, 4 de febrero del 2009, Desiring God, 18:24–18:27, https://www.desiringgod.org/messages/stirring-your-affections-for-jesus.
3. Hermano Lorenzo, *The Practice of the Presence of God: The Best Rule of Holy Life* (Peabody, MA: Hendrickson, 2011), 98. Publicado en español como *La práctica de la presencia de Dios* (Miami: Peniel, 2007)
4. «Brother Lawrence: Practitioner of God's Presence» [El hermano Lawrence: Practicante de la presencia de Dios], *Christianity Today*, consultado el 23 de julio del 2020, https://www.christianitytoday.com/history/people/innertravelers/brother-lawrence.html.
5. Chandler, «Stirring Your Affections», 18:31–18:36.
6. Donald S. Whitney, *Spiritual Disciplines for the Christian Life* (Carol Stream, IL: Tyndale House Publishers, 2014), 50. Publicado en español como *Disciplinas espirituales para la vida cristiana* (Carol Stream, IL: Tyndale House Publishers, 2016).
7. Thomas Watson, *Gleanings from Thomas Watson* [Aprendizajes de Thomas Watson], compilado por Hamilton Smith (Morgan, PA: Soli Deo Gloria, 1995), 106, 112.

8. David W. Saxton, *God's Battle Plan for the Mind: The Puritan Practice of Biblical Meditation* [El plan de batalla de Dios para la mente: La práctica puritana para la meditación bíblica] (Grand Rapids, MI: Reformation Heritage Books, 2015), 61.

CAPÍTULO 9: EL ARTE DE MORAR

1. «3306. menó», *Strong's Concordance* [Concordancia Strong], consultada el 27 de julio del 2020, https://biblehub.com/greek/3306.htm.
2. George Müeller, *The Autobiography of George Müeller* (Dallas: Gideon House Books, 2017), 124. Publicado en español como *La autobiografía de George Müller: Cómo la oración ferviente de un creyente ha prevalecido a lo largo del tiempo* (Monterrey, México: Editorial Oro, 2019).
3. John Piper, *Don't Waste Your Life* (Wheaton, IL: Crossway, 2007), 49. Publicado en español como *No desperdicies tu vida* (Grand Rapids: Portavoz, 2011).
4. Warren W. Wiersbe, *He Walks with Me: Enjoying the Abiding Presence of God* [Él camina conmigo: Disfrutando la presencia perdurable de Dios] (Colorado Springs: David C. Cook, 2016), 143.
5. L. B. Cowman, *Streams in the Desert*, ed. James Reimann (Grand Rapids, MI: Zondervan, 1997), 305. Publicado en español como *Manantiales en el desierto* (Nashville: Editorial Vida, 1997).
6. «1510. eimi», *Strong's Concordance* [Concordancia Strong] consultada el 27 de julio del 2020, https://biblehub.com/greek/1510.htm.
7. «»The True Vine» [La verdadera vid], *Tabletalk*, enero del 2004, https://tabletalkmagazine.com/daily-study/2004/01/true-vine/.
8. Joe Rigney, *The Things of Earth: Treasuring God by Enjoying His Gifts* [Las cosas de la tierra: Atesorando a Dios al disfrutar sus dones] (Wheaton, IL: Crossway, 2014), 110.

CAPÍTULO 10: EN CADA ÉPOCA

1. Rebekah Shaffer, «How Do Cacti Survive in That Environment?» [¿Cómo sobreviven los cactus en ese ambiente?], ScienceIQ.com, consultado el 28 de junio del 2020, http://www.scienceiq.com/facts/cactisurvive.cfm.
2. Robert J. Morgan, *Then Sings My Soul: 150 of the World's Greatest Hymn Stories* [Canta mi alma: 150 de las mejores historias mundiales de himnos] (Nashville: Thomas Nelson Publishers, 2003), 283.
3. C. S. Lewis, *God in the Dock: Essays on Theology and Ethics*, ed. Walter Hooper (Grand Rapids, MI: Eerdmans, 1970), 310. Publicado en español como *Dios en el banquillo* (Madrid, España: Ediciones Rialp, 2017).

CAPÍTULO 11: LA BATALLA DE TODA LA VIDA

1. «342. anakainósis», *Strong's Concordance* [Concordancia Strong], consultada el 15 de julio del 2020, https://biblehub.com/greek/342.htm.
2. Elyse M. Fitzpatrick, *Because He Loves Me: How Christ Transforms Our Daily Life* (Wheaton, IL: Crossway, 2008), 75–76. Publicado en español como *Porque Él me ama: Cómo Cristo transforma nuestra vida* (Envigado, Antioquía, Colombia: Poiema, 2018).
3. David Martyn Lloyd-Jones, *Spiritual Depression: Its Causes and Its Cure* (Grand Rapids: Eerdmans, 1965), 20. Publicado en español como *Depresión espiritual: Sus causas y su cura* (Grand Rapids: Libros Desafío, 1995).

CAPÍTULO 12: ARRANCA EL PECADO

1. Nichole Nordeman, vocalista, “River God”, 1998, por Nichole Nordeman (cantante lírica), pista 12, en *The Ultimate Collection* (Brentwood, TN: Sparrow, 2009), disco compacto.

2. Elisabeth Elliot, «Suffering Is Not for Nothing» [El sufrimiento no es por nada], ElisabethElliot.org, 16 de junio del 2015, https://elisabethelliot.org/resource-library/talks/suffering-is-not-for-nothing-talk/.
3. Josh Linkner, «Why You Must Always "Mind the Gap" in Your Personal and Professional Life» [Porque siempre hay que tener «cuidado con el hueco» en su vida personal y profesional], *Inc.*, 9 de febrero del 2016, https://www.inc.com/josh-linkner/mind-the-gap.html.
4. W. Duncan Rankin, «Being and Becoming» [Siendo y haciéndose], *Tabletalk*, mayo del 2010, https://tabletalkmagazine.com/article/2010/05/being-and-becoming/.
5. Jerry Bridges, *The Pursuit of Holiness* (Colorado Springs: NavPress, 1978), 21. Publicado en español como *En pos de la santidad* (Graham, NY: 2016).
6. Ruth Chou Simons, *Gracelaced: Discovering Timeless Truth through Seasons of the Heart* [Gracelaced: Descubriendo la verdad eterna a través de las estaciones del corazón] (Eugene, OR: Harvest House, 2017), 10.
7. Bridges, *The Pursuit of Holiness*, 104.
8. «This Date in History: June 14, 2007—Remembering Ruth Bell Graham» [Esta fecha en la historia: 14 de junio del 2007: Recordando a Ruth Bell Graham], Biblioteca Billy Graham, 14 de junio del 2012, https://billygrahamlibrary.org/this-date-in-history-june-14-2007-remembering-ruth-bell-graham/.

CAPÍTULO 13: GUIAR COMO SEGUIDORA

1. Francis Chan, «Francis Chan on Leadership: Why It's So Easy for Leaders to Fake It» [Francis Chan sobre el liderazgo: Porque es tan fácil para los líderes pretender], *Church Leaders*, 18 de octubre del 2014, https://churchleaders.com/pastors/pastor-articles/143491-public-passion-vs-private-devotion.html.

CAPÍTULO 14: LOS ENTRELAZAMIENTOS DEL EVANGELIO

1. Stephen Alexander, «20 years ago tonight... It still seems like yesterday. I can only imagine what my Dad and Mom are doing right now» [Hace 20 años hoy... Todavía parece que fue ayer. Tan solo me puedo imaginar lo que mi papá y mamá están haciendo ahora], Facebook, 30 de diciembre del 2019, https://www.facebook.com/stephen.alexander.311/posts/2412579592202882.
2. Infórmese sobre Karen Alexander-Doyel en https://womensministry.lifeway.com/2019/10/14/remembering-karen-alexander-doyel/.
3. Robby Galatty, «The Forgotten Jesus Part 2: Was Jesus a Carpenter or a Stonemason?» [El Jesús olvidado, segunda parte: ¿Fue Jesús un carpintero o un albañil?], Lifeway Leadership, consultado el 18 de julio del 2020, https://leadership.lifeway.com/2017/04/04/the-forgotten-jesus-part-2-was-jesus-a-carpenter-or-a-stonemason/.
4. Nota de estudio para Juan 13:1-17, *ESV Study Bible* [Biblia de estudio ESV] (Wheaton, IL: Crossway, 2008), 2050.
5. Elisabeth Elliot, *A Lamp unto My Feet: The Bible's Light for Your Daily Walk* [Una lámpara que guía mis pies: La luz de la Biblia para su caminar diario] (Grand Rapids, MI: Revell, 1985), 36.
6. Chris Adams, «Karen's Legacy» [El legado de Karen], *Chris Adams* (blog), 16 de septiembre del 2019, https://chrisadams.blog/2019/09/16/karens-legacy/.

CAPÍTULO 15: TU MISIÓN ES AHORA

1. Julie Andrews, vocalista, «The Sound of Music . . . The Children and the Captain» [La novicia rebelde... Los niños y el capitán], 1965, por Oscar Hammerstein II (cantante

lírico), pista 9, de *The Sound of Music* [La novicia rebelde] (Nueva York: RCA, 2000), disco compacto.

2. Ralph Waldo Emerson, "Hamatreya", Poetry Foundation, https://www.poetryfoundation.org/poems/52341/hamatreya.
3. Jocelyn Benjamin, «Wildflowers Benefit Agricultural Operations, Ecosystems» [Las flores del campo benefician las operaciones agriculturales y los ecosistemas], USDA Natural Resources Conservation Service, 1 de mayo del 2017, https://www.nrcs.usda.gov/wps/portal/nrcs/detail/national/newsroom/features/?cid=NRCSEPRD1326644.
4. Benjamin, "Wildflowers".
5. David Sitton, *Reckless Abandon* (Greenville, SC: Ambassador International, 2011), 47.

CAPÍTULO 16: AL REVÉS Y CULTIVADA EN SU PALABRA

1. Sal Vaglica, «8 Exotic Plants That Take Up to a Decade—or More—to Bloom» [8 plantas exóticas que no florecen por una década... o más], *This Old House*, 15 de septiembre del 2015, https://www.thisoldhouse.com/gardening/21018053/8-exotic-plants-that-take-up-to-a-decade-or-more-to-bloom.
2. Dietrich Bonhoeffer, *The Cost of Discipleship* (Nueva York: Touchstone, 1995), 89. Publicado en español como *El costo del discipulado* (Miami: Peniel, 2017).
3. John Piper, *Don't Waste Your Life* (Wheaton, IL: Crossway, 2003), 57. Publicado en español como *No desperdicies tu vida* (Grand Rapids: Portavoz, 2011).
4. Arthur Bennett, ed., *The Valley of Vision* (Carlisle, PA: Banner of Truth Trust, 1975), xv. Publicado en español como *El valle de la visión* (Carlisle, PA: Banner of Truth, 2014).

ACERCA DE LA AUTORA

GRETCHEN SAFFLES es la fundadora del ministerio global en línea Well-Watered Women, creadora del diario para momentos devocionales *Give Me Jesus* y una escritora apasionada, cuyo anhelo es que las mujeres aprovechen la abundancia del evangelio en la vida cotidiana. Como esposa y mamá, Gretchen aprendió que el hecho de que sus manos y sus días estén llenos no significa que su corazón tenga que estar vacío. Al compartir sus experiencias de vida, Gretchen escribe con autenticidad y osadía, animando a las mujeres a que busquen a Cristo, allí donde están, y a que vivan en su abundancia.

Su trayectoria en el ministerio empezó después de la universidad, cuando comenzó a trabajar en el ministerio de la mujer en una iglesia de Nashville. Dios usó esta experiencia como campo de entrenamiento para desarrollar su amor para con las mujeres y le dio la pasión por ver que tanto mujeres adultas como jóvenes vivan profundamente arraigadas en la Palabra de Dios. Luego de casarse con Greg y mudarse a Knoxville,

Tennessee, dio un salto de fe y abrió una tienda en línea y un ministerio llamado *Life Lived Beautifully*. Sin saber por dónde empezar, lo hizo en el lugar donde estaba, con lo que tenía: unos pequeños ahorros, un diario de oración y un gran sueño que la incitaba en lo más hondo de su alma a incentivar a las mujeres a que amaran profundamente a Jesús.

En el 2014, Dios sembró en el corazón de Gretchen la semilla de crear un devocional diario para mujeres que estudian la Palabra de Dios. Por medio de una serie de circunstancias dispuestas por Dios, el primer diario *Give Me Jesus* fue lanzado en mayo de ese año. Desde entonces, la misión de Gretchen ha sido crear diarios para devocionales, estudios bíblicos y contenidos enfocados en el evangelio que despierten el amor de las mujeres hacia Cristo y las prepare para conocerlo más a través de su Palabra.

En el 2016, Gretchen cambió el nombre del ministerio por el de Well-Watered Woman (La mujer cultivada en su Palabra) para acompañar el objetivo y la misión basados en Isaías 58:11. A lo largo de los años, Gretchen autopublicó varios estudios bíblicos, puso a la venta versiones actualizadas y revisadas del diario *Give Me Jesus* y creó otras publicaciones que guían a las mujeres a través de varios libros de la Biblia. Se graduó en Mercadeo de moda en la Universidad de Georgia y le fascina mostrarles creativamente a las mujeres que han sido creadas a la imagen de Dios para reflejarlo y disfrutar de él.

Gretchen vive en Atlanta con Greg y sus dos hijos, Nolan y

Haddon. Le encanta salir a la aventura con su familia, viajar a lugares nuevos, soñar despierta con campos llenos de flores, cocinar comidas sabrosas, hornear galletitas con chispas de chocolate, pintar, leer buenos libros y enseñarles a las mujeres cómo amar a Jesús.

Para más información sobre Well-Watered Women, visite el sitio en línea Well-Watered Women y póngase en contacto mediante las páginas de sus redes sociales. También puede seguir a Gretchen en Instagram.

WWW.WELLWATEREDWOMEN.COM

WELLWATEREDWOMEN

@WELLWATEREDWOMEN

@GRETCHENSAFFLES

@WELLWATEREDCO